THE COFFEE 新版

BOOK

DK

THE

新版

COFFEE

BOOK

基礎知識から生産国情報、焙煎、レシピ、
バリスタテクニックまで

アネット・モルドヴァ 著
丸山健太郎 監修

目次

イントロダクション

8	カフェ文化
10	コーヒーが歩んできた歴史
12	コーヒーの種と品種
14	コーヒーの系図
16	生育と収穫
20	生産処理
24	カッピング
26	味わいの違いを楽しむ

コーヒーの扱い方と淹れ方

30	品質の指標となる情報
32	選び方と保存方法
36	自家焙煎に挑戦
38	コーヒーミル
42	コーヒーQ&A
44	水質チェック
46	エスプレッソを淹れる
52	ミルクも大切
58	ラテアート
62	デカフェ（カフェインレスコーヒー）

世界各地のコーヒーたち

66	アフリカ
86	インドネシア、アジア、オセアニア
110	中南米
132	カリブ海および北米

抽出器具

144	エスプレッソマシン
146	フレンチプレス
147	ペーパードリップ
148	ネルドリップ
149	エアロプレス
150	サイフォン
151	マキネッタ
152	水出しコーヒー
153	コーヒーメーカー
154	カフェ・フィン
155	イブリック
156	ナポリタン
157	カールスバーダー

レシピ

160	定番レシピ
180	ブラックコーヒー（ホット）
189	ホワイトコーヒー（ホット）
198	ブラックコーヒー（アイス）
202	ホワイトコーヒー（アイス）
207	ミキサードリンク（アイス）
212	コーヒーカクテル（ホット）
214	コーヒーカクテル（アイス）

218	用語集
219	索引

イントロダクション

カフェ文化

カフェに腰を下ろして美味しいコーヒーを味わい、格別な喜びに浸る—こうした文化が世界中に広がるなかで、その楽しみを一段と引き上げてくれるのがスペシャルティカフェです。腕の確かなバリスタが、最高品質のコーヒーをまさに望みどおりの方法で淹れてくれます。

カフェを楽しむということ

数世紀にも及ぶコーヒーの歴史。パリのカフェで出されるカフェ・オレや、テキサスのレストランのコーヒー飲み放題など、さまざまな伝統が培れてきたなかで、カフェはその要の存在でした。

現在では、中国、インド、ロシア、そして日本でのコーヒー人気の高まりにより、これまで以上に多くの人がカフェに通うようになっています。何気ない日常の一場面に思えるコーヒーを飲むという行為も、まだまだ大勢の人たちにとっては新鮮さとワクワクがつまったイベントなのです。

こうしたコーヒーへの新たな情熱を受け、世界各地でスペシャルティカフェが日々オープンしており、その数は増加しています。コーヒーの多種多様な品種、焙煎度合い、スタイルが味わえるスペシャルティカフェを訪れるのは、もはやコーヒー通だけではありません。品質の高さ、サステナビリティ（持続可能性）、丁寧さを認める人たちにとっては、会話を楽しんだり、新しい味わいを求めたり、そのユニークな空間を楽しんだりできる、理想的な場所なのです。

何気ない日常の一場面に思えるコーヒーも、大勢の人たちにとっては新鮮さとワクワクがつまったイベントなのです。

カフェに刻まれた精神

コーヒーは、農園から目の前のカップに至るまで、当たり前のように運ばれてくると考えられがちです。また、コーヒー豆が果実の種子であることや、淹れる前の焙煎という作業の存在も、万人の常識ではありません。しかし最近では、コーヒーの新鮮さや旬を重視し、栽培や抽出には腕が必要だという考えを持つカフェが増えてきました。多彩で個性豊かな味わいに目を向け、大切にすることで、コーヒー豆に秘められた由来や生産者のストーリーを消費者に伝えているのです。

スペシャルティカフェの登場で、生産、販売、抽出における複雑な工程が愛飲家の間では理解され始めています。さらに、価格の低下や不安定なコモディティ市場など、生産者が直面する問題が知られるようになり、サステイナブルコーヒーへの需要が増加。食品やワインでは定着している「良いものは、それだけコストもかかる」という考え方をコーヒーにも当てはめるべきという思いが、消費者の間で急速に広まりつつあります。

需要、供給、コスト、エコ。この4つのバランスを取るのは依然として難しく、予測も不可能ですが、スペシャルティコーヒー企業は、品質、透明性、サステナビリティを重視することで、業界をリードしています。このようにコーヒーに対する姿勢が変化し、栽培や抽出の過程に目が向けられるなかで、スペシャルティカフェの重要性はますます高まっています。

バリスタ

スペシャルティカフェのバリスタは、ワイン界のソムリエのような存在です。彼らは専門知識を持った、コーヒーのプロフェッショナル。カフェインのパンチを効かせる淹れ方だけでなく、ちょっと変わった味、ワクワクする味、そして何より美味しさを引き出す淹れ方を、アドバイスしてくれます。

コーヒーが歩んできた歴史

コーヒーの伝播の歴史は、世界の変化の歴史でもあります。宗教、奴隷制度、密輸、愛、社会との関係も見過ごせません。未解明の部分もありますが、ここでは史実や伝説をもとに、コーヒーの足跡をたどってみましょう。

発見と初期の歴史

コーヒーは遅くとも1000年前には発見されていました。真偽の程は定かではありませんが、アラビカ種は南スーダンとエチオピアに起源を持ち、ロブスタ種はビクトリア湖から西アフリカが原産であるとの説が有力です。

現在のようにコーヒー豆を焙煎、グラインド、抽出して飲むようになる以前から、コーヒーチェリー（果実）と葉は活気づけとして利用されていました。アフリカの遊牧民は、家を長期間離れる際、コーヒーの種子を脂肪やスパイスと混ぜて「エネルギーバー」を作ったといいます。さらにコーヒーの葉やチェリーの外皮を煮出し、カフェインを豊富に含む飲料にして活力源にしていました。

コーヒーは、アフリカの奴隷によってイエメンやアラビア半島に持ち込まれたと考えられています。15世紀、イスラム教のスーフィーたちは、コーヒーチェリーから作る「キシル」や「アラビアのワイン」という茶を飲むことで、夜間の祈祷の眠気を覚ましていました。この刺激作用が広く知られるところとなり、貿易商や学者がコーヒーを飲み、交流する場として「賢者の学校」がいくつも登場。一部では、キシルはイスラム教の教えと相容れないとの懸念の声もありましたが、こうした初期のカフェは生き続け、コーヒー人気を押し上げていきました。16世紀には、コーヒー豆を焙煎、グラインドして、現在とよく似たコーヒーを飲むようになっていました。これが、トルコ、エジプト、北アフリカへと伝わったのです。

KEY

➡ **17世紀**
・イエメン→オランダ
・イエメン→インド
・オランダ→インド、
　ジャワ島、スリナム、
　フランス

➡ **18世紀**
・フランス→ハイチ、
　マルティニーク島、
　フランス領ギアナ、
　レユニオン島
・レユニオン島→中南米
・マルティニーク島→
　カリブ海諸島、中南米
・ハイチ→ジャマイカ
・フランス領ギアナ→ブラジル

➡ **19世紀**
・ブラジル→東アフリカ
・レユニオン島→東アフリカ

メキシコ
ハイチ
ジャマイカ　マルティニーク島
カリブ海
中央アメリカ
フランス領ギアナ
スリナム共和国
ブラジル
南アメリカ

植民地支配による伝播

　コーヒーの貿易を最初に始めたのはアラブ人たちでした。彼らは自分たちのコーヒーを守るため、豆を煮てから売ることで他人が栽培できないようにしていました。

　しかし17世紀初頭、スーフィーがイエメンからインドに種子を密輸します。さらにオランダ人貿易商が、苗木をイエメンから持ち出してアムステルダムに移植。17世紀末には、オランダの各植民地、とりわけインドネシア全域でコーヒーが栽培されるまでになりました。

　カリブ海と南米の植民地には、18世紀初頭にコーヒーが植樹されました。オランダから贈られた苗木を、フランス人がハイチ、マルティニーク島、フランス領ギアナへと移植。さらに、オランダがスリナムにコーヒーを植樹し、イギリスはハイチからジャマイカへとコーヒーをもたらしたのです。

　1727年、ポルトガルはコーヒーの種子を取り戻すため、海軍将校をブラジルからフランス領ギアナへと派遣します。しかしブラジルはこの要求を拒否。そこで海軍将校は、総督の妻をそそのかし、花束に苗木を紛れ込ませて渡させたと伝えられています。

　その後、南米とカリブ海から、中米とメキシコへと伝播しました。19世紀末にかけて、コーヒーの苗木はアフリカの植民地へと回帰したのです。今日ではアジアの各地域をはじめ、新しい地域でもコーヒーが生産されるようになっています。

オランダ

フランス

イエメン

インド

東アフリカ

ジャワ島

レユニオン島

数世紀のうちに、コーヒーは世界各地に伝播。特別な飲料だったコーヒーは、その後、日用品へと姿を変えました。

コーヒーの種と品種

ワインのブドウやビールのホップと同じように、コーヒーの木（コーヒーノキ）にも多彩な種と栽培品種が存在します。

コフィア属の種

花を咲かせるコーヒーノキはコーヒーノキ属と呼ばれます。新種が次々と発見されるにつれて、現代のコーヒーノキ属以下の分類も進化しています。厳密な数は定かではありませんが、今日までに確認されたコフィア属の品種はおよそ124種。20年前の倍以上に上ります。

コフィア属の野生種が見つかっているのは、主にマダガスカル島とアフリカ大陸です。その他に、マスカリン諸島、コモロ諸島、アジア、オーストラリアでも見つかっています。商業用に広く栽培されているのは、アラビカ種（学名 *C.arabica*）とカネフォラ種（学名 *C.canephora*、代表的なものがロブスタ種）のみ。この2種で全世界の総生産量の99%を占めています。アラビカ種の起源は、現在のエチオピアと南スーダンの国境付近で起きたカネフォラ種とユーゲニオイデス種の自然交配と考えられています。一部の国では、国内消費向けにリベリカ種（学名 *C.liberica*）やエクセルサ種（学名 *C.excelsa*）もわずかながら栽培されています。

アラビカ種とロブスタ種の品種

アラビカ種については、数多くの品種が栽培されています。それぞれの品種が伝播した経緯については記録が不完全で、矛盾する記述さえあります。エチオピアや南スーダンに自生していた数千もの野生種のうち、ほんの数品種のみがアフリカ大陸から持ちだされ、イエメンへと渡った後、各地へと広まっていきました。（P.10〜11を参照）

このように伝播したのはティピカと呼ばれる品種で、標準的なコーヒー豆の総称としても用いられます。ティピカを遺伝的に解明すると、そのルーツはジャワ島に求めることができ、そこから世界各国へと広まっていったと考えられています。もう1つ、早くから存在が知られていた品種にブルボンがあります。ブルボンは、18世紀半ばから19世紀後半に、ブルボン島（現在のレユニオン島）で起きたティピカの突然変異によって生まれました。現在の品種の大半は、この2つの品種の突然変異か人工交配によるものです。

一方のカネフォラ種は、ビクトリア湖周辺から西アフリカにかけての地帯が原産。ベルギーの植民地下にあったコンゴの苗木がジャワ島へと移植され、そこからアラビカ種を生産するほぼすべての国々に伝わりました。カネフォラ種にもいくつかの品種がありますが、一般的にロブスタ種と総称されます。また、アラビカ種とロブスタ種を混植して新しい品種を開発することもあります。

コーヒーの見た目や味わいは、土壌、日照量、降雨パターン、風の吹き方、害虫、病気など、多くの要因に左右されます。多くの品種は遺伝的に似通っているものの、それぞれに地域やその土地の名前が付けられています。そのため、アラビカ種やロブスタ種の系譜を把握するのは困難ですが、この2種の主要な品種の一部については、P.14〜15の系図のようにまとめることができます。

※本書は、カネフォラ種については栽培量が多いロブスタ種をメインに解説します。

コーヒーノキ属（コーヒーノキ）

日照量
大半の品種は、シェードツリーなどの日除けで一部や全体を覆う必要があります。完全な直射日光下で育つ品種も開発されています。

降雨パターン
年間を通して頻繁に降雨がある農園や、明確な雨季と乾季がある地域も、降雨パターンによって開花の時期が異なります。

風の吹き方
コーヒーチェリーの熟し方や味わいは、温暖や寒冷な風の影響を受けます。

コーヒーノキ

アカネ科
コーヒーノキ属
商業用の主な種：
　コーヒーノキ属アラビカ種、
　コーヒーノキ属カネフォラ種
（一般にロブスタ種）

コーヒーチェリー
コーヒーノキは枝に沿って鈴生りに実を付けます。

コーヒーの花
ジャスミンを思わせる甘い香りを放ちます

未熟
コーヒーチェリーは緑色の硬い果実のまま、最大まで成長します。

硬さがとれた状態
ゆっくりと変色し、柔らかくなります。

完熟
大半の品種は赤く熟しますが、例外もあります。

過熟
色が深まると同時に甘くなりますが、すぐに傷んでしまいます。

断面図
果肉、粘液質、パーチメント（内果皮）、種子からなります（P.16を参照）。

コーヒーの系図

簡単な系図でコーヒーの品種のおおまかな関係を示しました。変わった味や性質を持つ新しい種または品種が生物学界で発見されるのにともなって、コーヒーの系図も拡大や発展を続けています。

　現存するあらゆる品種同士の関係を示すにはまだまだ研究が必要ですが、このイラストでは、アカネ科の4種（リベリカ種、カネフォラ種、アラビカ種、エクセルリ種）の関係を示しました。この4種のうち、商業用に栽培されているのはアラビカ種とカネフォラ種（ロブスタ種）のみです（P.12〜13を参照）。カネフォラ種は一般的にアラビカ種の品種よりも劣ると考えられています。

　アラビカ種から大きく枝分かれしているのは、エアルーム、ティピカ、ブルボンと、それぞれの品種の交配種です。アラビカ種にロブスタ種を交配してハイブリッドの品種が開発されることもあります。

ハイブリッドの品種
ラスナ＝カティモール＋ティピカ
アラブスタ＝アラビカ＋ロブスタ
デバマシー＝アラビカ＋ロブスタ
ハイブリッド・ティモール／ティムティム／
ボルボル＝アラビカ＋ロブスタ
イカトゥ＝ブルボン＋ロブスタ＋ムンド・ノーボ
ルイル11＝ルメスダン＋K7＋
SL28＋カティモール
サルチモール＝ヴィジャサルチ＋
ハイブリッド・ティモール

カネフォラ種（ロブスタ種）

リベリカ種

名前の由来
アラビカ種の品種名はたいていの場合、発見された土地の名前にならって付けられるため、その現地の名前や綴りが多く存在します。たとえば「ゲイシャ」には、「ゲシャ」や「アビシニアン」といった別名があります。

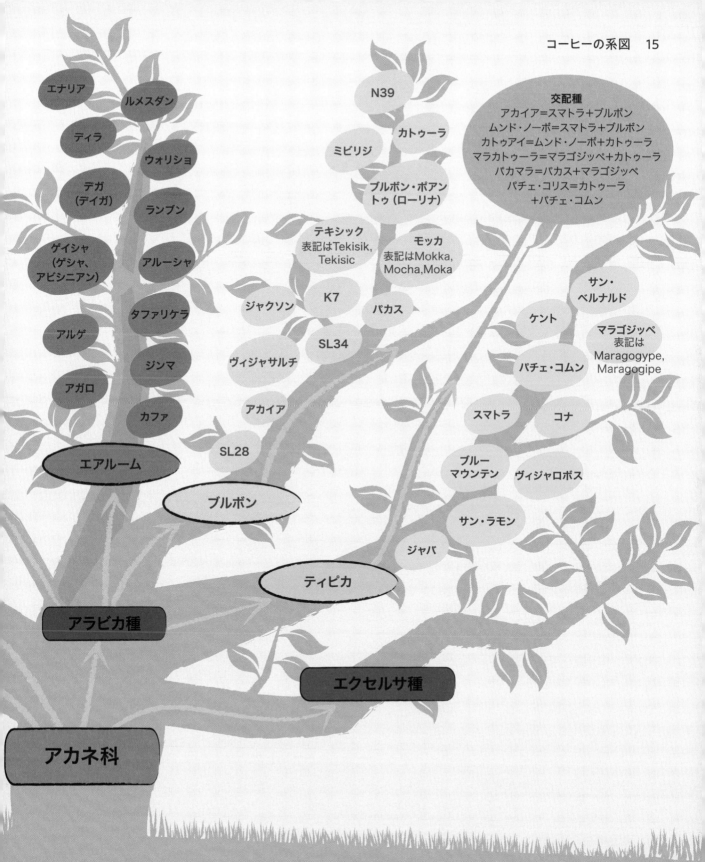

生育と収穫

コーヒーノキは常緑樹です。適正な気候と高度の条件が整った、およそ70か国で育ちます。丁寧に栽培されたコーヒーノキは、種をまいてから3〜5年でやっと花を咲かせ、コーヒーチェリーという果実をつけるようになります。

収穫時に木から摘み取られるコーヒーチェリーは種子を2つ含んでおり、この種子が生産処理（P.20〜23を参照）を経てコーヒー豆になります。主に商業用に生育されているコーヒーは、アラビカ種とロブスタ種の2種（P.12〜13を参照）。ロブスタ種は収穫量が豊富で、病害虫にも強く、そのコーヒーチェリーは素朴な味わいです。栽培

方法は、ロブスタ種の場合、苗床に挿し木をして数か月育苗してから、農園に移します。一方のアラビカ種は、以下のように種子の状態から栽培します。アラビカ種のコーヒーチェリーは、一般的にロブスタ種よりも味わいに優れます。

アラビカ種の生育

種子は、健康なアラビカのコーヒーノキ（親木）の完熟のコーヒーチェリーから取り出します。この種子を植えるところから生育が始まります。

3か月　　4か月　　5か月

種子は苗床に植えられます。外皮と果肉は取り除きますが、パーチメントは付けたままです。

種子が発芽すると、自らを支える主根が伸びて苗木となります。これは「ソルジャー」という愛称で呼ばれます。

パーチメント（内果皮）：
種子の外側の保護層。

シルバースキン
（銀皮）：
種子の外側の
薄い層。

**果肉と
ミュシレージ**：
パーチメントと外皮の間にある、糖分を含む粘液質の層。

コーヒーチェリー：それぞれ2つの種子を含み、この種子が生産処理を経て「豆」になります（P.20〜23を参照）。成長の過程で、種子同士の向かい合う部分は平坦な形状に。まれに、2つあるうちの1つにしか栄養が行き渡らず、平らな部分を持たない種子が1つだけ育つことがあります。この枝豆のような楕円形の特殊な種子は、ピーベリーと呼ばれます。

コーヒーの品質を大きく左右する生育環境。花とチェリーにとって、強風、過度の直射日光、霜は天敵です。

9か月

このソルジャーが小さな木に育ち、12〜16枚ほどの葉をつけたところで、農園へと移植します。移植の際は、土で根を保護します。

3〜5年

コーヒーノキは3年以上を経て成熟し、花を咲かせるようになります。

花が咲いたあとに実がなります。

3〜5年

コーヒーチェリーは枝で熟し、次第に色が深まって行き、収穫期を迎えます（次ページを参照）。最高品質のコーヒーチェリーは、日除けや曇った空の下で育てられます。適正な気温を得るには、赤道に近く、かつ高地であることが条件です。

収穫期

アラビカ種とロブスタ種は、年間を通して世界のどこかの地域で収穫されています。年に一度、集中的に収穫する国や地域もあれば、収穫期が明確に2回に分かれる産地もあり、なかにはほぼ1年にわたって収穫する場所さえあります。

種や品種の差こそあれ、コーヒーノキは高さ数mに達します。しかし、たいていはチェリーを手摘みするため、その効率を考えて1.5m程度に剪定するのが普通です。収穫方法には2通りあります。1つは、未熟なチェリーや熟れすぎたチェリー、ほどよく熟したものまで、すべてを一度に収穫する方法。もう1つは、摘むのは完熟のチェリーだけにして、時期を空けてから残りを摘む方法です。この場合、収穫期を通じて同じ木から複数回収穫することになります。

一部の国では機械が使われています。枝を叩いたり、木をやさしく揺らして完熟チェリーを落とし、集めます。

木と収穫量

健康なアラビカ種の木は、丁寧に栽培すれば、1シーズンに1〜5kgほどのコーヒーチェリーをつけます。通常、コーヒー豆1kgを生産するのに5〜6kgのコーヒーチェリーが必要です。選別せずに収穫したり、手作業や機械で選別しながら摘み取ったりしたコーヒーチェリーは、ウェットプロセスまたはドライプロセスの工程へと移します（P.20〜23を参照）。その後、品質ごとにコーヒー豆を分類します。

アラビカ種のコーヒーチェリー（未熟）
一塊に10〜20粒ほどのコーヒーチェリーがなります。熟すと枝から落ちてしまうため、注意深く観察し、頻繁に摘み取ります。高さは3〜4mほどにまで成長します。

ロブスタ種のコーヒーチェリー（完熟）
10〜12mほどの高さにまで成長するため、はしごなどを使って収穫することもあります。一塊に40〜50粒ほどのコーヒーチェリーがなり、熟しても地面に落ちることはありません。

アラビカ種 vs ロブスタ種

コーヒーノキの主要な種であるこの2種は、生物学的・科学的な特徴や品質を異にしています。
自生して継続的に実をつける地域も違えば、コーヒー豆としての格付けや価格にも差があります。
以下のような特徴によって、それぞれ独特の風味が生まれます。

特徴	アラビカ種	ロブスタ種
染色体：アラビカ種のコーヒー豆の方が、味わいが多彩で複雑です。その理由は、アラビカ種のコーヒーノキの遺伝子構造にあります。	**染色体数は44**	**染色体数は22**
根の張り方：ロブスタ種は広く浅く根を張るため、アラビカ種ほど、土壌中の間隙率や深さを必要としません。	**深い**：根が楽に広がるように、農園の木の間隔は1.5mほど空けます。	**浅い**：ロブスタ種の木の場合は、2m以上の間隔を空けます。
理想的な気温：コーヒーノキは霜に弱いので、寒くなりすぎない地域に植樹する必要があります。	**15〜25℃**：ほどよく温暖な気候でないと繁殖できません。	**20〜30℃**：高温でよく育ちます。
高度と緯度：両方の種とも、南北の回帰線の間で育ちます。	**海抜900〜2000m**：高地であれば、必要な気温と雨量を満たすことができます。	**海抜0〜900m**：寒冷な気温である必要はないため、低地でも育ちます。
適正な雨量：雨は開花を促しますが、多雨や少雨だと、花やチェリーがダメージを受けます。	**1500〜2500mm(年間降水量)**：深く根を張るため、地表近くが乾いていても繁殖できます。	**2000〜3000mm(年間降水量)**：根が比較的浅いため、多量の雨が頻繁に降る環境が必要です。
開花時期：両方の種とも、雨を受けて開花します。ただし降雨の頻度によって開花時期が異なります。	**雨季の後**：明確な雨季がある地域で栽培されるため、容易に開花時期を予測できます。	**不規則**：安定的な雨季がない、湿潤な気候で栽培されるため、開花時期は不規則になりがちです。
開花から結実までの期間：花を咲かせてから実が熟すまでの期間は、種によって異なります。	**9か月**：実が熟すまでの期間が比較的短いため、収穫期の合間にたっぷり時間を取って剪定と施肥ができます。	**10〜11か月**：ゆっくりと長い時間をかけて実が熟すので、収穫期が分散します。
豆の含油率：油分量は香りの強さに影響を与えるため、品質の指標にもなります。	**15〜17%**：含油率が高いため、なめらかで、しなやかな口あたりになります。	**10〜12%**：ロブスタ種のエスプレッソブレンドから、厚みのある、しっかりとしたクレマができるのは、この低い含油率が理由です。
豆の糖度：糖度は豆の焙煎度合いにも左右され、それによって酸味や口あたりが変化します。	**6〜9%**：焙煎の質が高いと糖分が焦げずにカラメル化され、それによって心地よい自然な甘みが生まれます。	**3〜7%**：アラビカ種よりも糖度が低いため、口あたりは硬く、苦味があり、強い後味が残ります。
豆のカフェイン含有率：カフェインは自然の殺虫剤でもあるため、コーヒーノキの耐性の高さはその含有率にも起因します。	**0.8〜1.4%**：ラウリーナ(ローリナ)などのようにほとんどカフェインを含まない珍しい品種もありますが、これらは生産性が低く、栽培が難しいのが難点です。	**1.7〜4%**：含有率が高いことから、高温多湿の気候で繁殖しやすい病害、菌、害虫に耐性があります。

生産処理

コーヒー豆にするには、コーヒーチェリーを生産処理する必要があります。この生産処理方法は世界各地で異なりますが、主にドライプロセス（ナチュラル）とウェットプロセス（ウォッシュトやパルプト・ナチュラル）が用いられます。

コーヒーチェリーは完熟したときが最も甘く、その品質を守るためには、収穫から数時間以内に生産処理するのが望ましいとされます。生産処理で、コーヒーは良くも悪くもなります。せっかく手塩にかけて育てて摘み取ったコーヒーチェリーも、丁寧に生産処理しなければ、すべてが水の泡です。

その生産処理方法は多岐に渡ります。一部の生産者は、自らコーヒーチェリーを生産処理します。自前のミル（生産処理場）があれば、輸出までの工程をすべて自分でコントロールできるためです。そうでない生産者は、「ステーション」と呼ばれる拠点にコーヒーチェリーを売り渡し、乾燥や脱殻（だっかく）以降の作業を任せます。

準備工程

2つの生産処理の準備工程の内容は異なりますが、コーヒーチェリーを脱殻工程に向けて準備するという目的は同じです（次のページを参照）。

ウェットプロセス

❶ 水を貯めたタンクにコーヒーチェリーを入れます。通常、未熟や完熟のコーヒーチェリーをまとめて処理しますが、完熟の実だけを選別して入れるのが理想です。

❷ コーヒーチェリーをパルパーにかけ、果実の外側の層（P.16参照）を除去。このとき、外皮と果肉は除去しますが、ミュシレージは残したままにします。取り除いた外皮と果肉は、農園や苗床の堆肥や肥料になります。

❸ ミュシレージが付着したままの豆を重さで選別し、別々のタンクに移します。

コーヒーチェリー
収穫間もないコーヒーチェリーは、入念に水洗するか（上段）、軽く洗浄してから乾燥させます（下段）。

ドライプロセス

ナチュラル

❶ すべてのコーヒーチェリーを軽く洗うか水に浮かべて、果実についた異物を落とします。

❷ コーヒーチェリーをパティオという乾燥場やアフリカンベッド（高床のネット）に広げて、約2週間、天日乾燥します。

天日にさらすと、コーヒーチェリーの明るい色が落ちて、しぼんできます。

パルプト・ナチュラル

❹ 甘いミュシレージ層で覆われた豆を、パティオかアフリカンベッドに広げて天日乾燥します。2.5〜5cmほど重なった状態になるため、まんべんなく乾燥するように定期的にならします。

❺ コーヒー豆を7〜12日間乾燥させます（気候に応じて日数を調節）。急速に乾燥させると、欠点豆が生じる、賞味期限が短くなる、味が落ちるなどの問題が起きます。「グアルディオラ」という乾燥機を使う地域もあります。

乾燥開始から数日後の豆。まだ糖度の高い粘液質のミュシレージに覆われています。

乾燥完了後の豆。パーチメントコーヒーには、赤や茶色の斑点があるように見えます。

ウォッシュト

❹ タンクの水に浸けたまま12〜72時間かけて発酵させ、ミュシレージを分解して落とします。味わいや見た目を良くするために、これを2回繰り返すこともあります。

❺ ミュシレージを完全に除去したら、ぬめりが取れたパーチメントコーヒー（パーチメント付きのコーヒー豆）をパティオやアフリカンベッドに広げて、4〜10日間、天日乾燥します。

❻ パーチメントコーヒーの中から欠点豆を手作業で取り除き、まんべんなく乾燥するようにかき回します。

完全に乾いたパーチメントコーヒーは、ムラのないきれいな見た目のベージュ色になります。

天日乾燥が終わると、コーヒーチェリーはさらにしぼみ、茶色に変色します。

一般的には、ウェットプロセスの方が、豆の本来の味わいが際立ちます。

脱殻工程へ→

脱殻工程

　ナチュラル、パルプト・ナチュラル、ウォッシュトの各処理工程を経たコ
ーヒーチェリーは、最大で2か月はど寝かせてから脱殻工程に入ります。

パルプト・ナチュラル

ウォッシュト

ナチュラル

コーヒー豆は生産者に よって品質分類され、 振り分けられていきます。

❶パーチメントコーヒ
ーの状態で寝かせてか
ら脱殻します。

❷脱殻機では、乾燥した外皮や果肉、
パーチメント、シルバースキン（除去率
は適宜調節）が取り除かれ、緑がかった
グリーンコーヒー（生豆）となります。

❸コーヒー豆をテーブルに乗せてか
らベルトコンベアに流し、機械または
手作業で品質ごとに分別します。

コーヒー産業では、価格が 最も安い底辺の豆から上位 1%の豆まで、すべてに買い 手が付きます。

<u>コンテナで船積みされたコーヒー豆は、2～4週間の船旅を経て消費地へ。</u>

**コマーシャル
コーヒー市場**

低品質または平均的な豆はコンテナで船積みされます。

❹脱殻・精選工場の機械を使うと、比重、サイズ、色でコーヒー豆を選別できます（下図）。

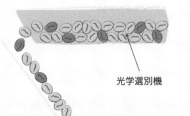

光学選別機

処理された豆

色による選別

コーヒー豆を色で選別する機械。色の濃淡で分けられます。

**スペシャルティ
コーヒー市場**

最高品質の豆は、内側をプラスチックでコーティングした保護袋や、小さなアルミ製の真空パックなどに入れられて、世界各地へ船で運ばれます。

<u>スペシャルティコーヒー用の保護袋は1袋あたり20～70Kgです。</u>

カッピング

ワインのテイスティングの練習と言えば馴染みがあるかもしれませんが、コーヒーを同じように評価することはあまりないでしょう。しかし、「カッピング」と呼ばれるコーヒーのテイスティングをしてみることで、思いがけない風味や、細かな味わいを発見できるのです。コーヒーの種類を見分けたり、違いを楽しんだりすることもできるかもしれません。

コーヒー産業では、カッピングによってコーヒー豆の品質を評価、管理しています。カッピングボウルを使ってコーヒー豆のサンプルをチェックしますが、数個の麻袋からなる小規模なロットのサンプルを取ることもあれば、いくつものコンテナからなる大規模なロットのサンプルについてカッピングすることもあります。通常、評価は100点満点の点数制です。

カッピングは、輸出入業者から焙煎業者やバリスタまで、コーヒー産業のあらゆる関係者にまで広がっています。世界各国の豆をテイスティングし、最高の逸品を選定、調達するのが、コーヒー企業に属しているカッピングのプロの役目。このカッパーたちが賞を競い合う、カッピングの国内大会や世界大会さえあります。近年では、生産者が出荷前にカッピングすることも増えてきています。

カッピングは自宅でも簡単にできます。1杯のコーヒーの好き嫌いを判断するには、何もテイスティングのプロである必要はありません。味わいを表す語彙を増やすのは練習がいりますが、世界各地のさまざまなコーヒーをカッピングしてみれば、大まかな味わいの違いにはすぐに気づけると思います。回数を重ねるにつれ、味覚も研ぎ澄まされてくるでしょう。

用意するもの

器具
フィルター抽出用のコーヒーミル
デジタル式のキッチンスケール
　250ml容量の耐熱カップを複数（グラスやボウルでもOK）。同じ容量のカップが複数ない場合は、デジタルスケールや計量カップを使って、すべてのカップで湯の量を統一しましょう。

材料
コーヒー豆

カッピングの手順

コーヒーの種類ごとに1杯ずつ用意して、それぞれの味わいの違いを探り、何度も飲み比べてみるだけで、それは立派なカッピングです。あらかじめ挽いた粉を使ってもかまいませんが、自宅で豆を挽けば、よりフレッシュな味わいになります（P.38～41を参照）。

1 1つめのカップ（またはグラス）にコーヒー豆を12g入れます。1杯分を中挽きにして、粉をカップに戻します（右記アドバイス参照）。

2 ほかの豆について手順1を繰り返します。ただし、挽く豆を変えるときは、次の豆を大さじ1杯分だけ挽いてコーヒーミルを「掃除」してから、実際にカッピングに使用する分を挽きましょう。

3 すべてのカップに中挽きの粉を準備できたら、香りを確かめてその違いをメモします。

アドバイス
同じ豆を複数人でカッピングする場合も、1杯分ずつ挽きましょう。こうすれば、欠点豆が1粒混ざっていたとしても、全員分の味を損なうことなく、その影響を1杯に留めることができます。

4 用意した水を沸騰させます。93〜96℃程度まで温度が下がったら、粉全体にお湯が行き渡るように注ぎます。このときは、カップの縁まで注ぐか、もしくはキッチンスケールや計量カップを使って、粉に注ぐお湯の量が適正になるように調整します。

5 お湯に浸したまま4分待ちます。このときに「クラスト」という表面に浮いた粉の香りを確かめます。ただし、カップを持ち上げたり、揺らしたりしないように注意。それぞれのコーヒーの香りを比較したときに、香りの強い、弱い、良い、悪い、などに気づくかもしれません。

6 4分経ったら、スプーンでコーヒーの液面をゆっくりと3回かき混ぜてクラストを崩し、浮いた粉を沈めます。コーヒーの味わいがほかのカップに移らないように、カップを移るときには必ずスプーンをお湯ですすぎましょう。クラストを崩すときには、カップに鼻を近づけ、放たれる香りを確かめます。手順5で確認した良い香り（あるいは悪い香り）が変化しているかどうか考えてください。

7 すべてのクラストを崩し終えたら、スプーンを2つ使って液面の泡や浮いた粉を取り除きます。ここでも、カップを移るごとにスプーンをお湯ですすぎましょう。

8 コーヒーが飲むのに程よい温度まで下がったら、スプーンでコーヒーをすくい、ズズッと音を立てながら少量の空気とともに口に含みます。こうすることで香りが鼻に抜け、コーヒーの液が舌に行き渡ります。味わいだけでなく、舌触りにも注目してみましょう。薄い、油分を感じる、ソフト、ザラザラ、エレガント、辛みを感じる、クリーミーなど、どんな感覚があったでしょうか。味わいはどうでしょう。今まで口にしたことのある食べ物の中で、思い当たるものはあるでしょうか。ナッツ、ベリー、スパイスなどの風味が感じられるでしょうか。

9 コーヒーを何度も飲み比べます。温度が下がって味が変化したら、もう一度テイスティングしてみます。メモを取り、カテゴリーに分けたり説明を付けたりして、感じた味を覚えておきましょう。

お湯は意外と速く冷めるので、適正な温度になったら、すぐに注ぎましょう。

クラストは自然には崩れません。混ぜないうちに崩れた場合、お湯の温度が低すぎたか、焙煎が浅すぎた可能性があります。

クラストを崩したら、スプーンを2つ使って液面をすくいます。

味わいだけでなく、舌触りにも注目。しなやか、ねっとり、繊細、それともザラザラでしょうか？それぞれの余韻も確かめましょう。

味わいの違いを楽しむ

コーヒーの香りや味わいは驚くほど多彩です。微妙な味わいの違いを感じることができれば、コーヒーを余すところなく楽しむことができます。

　多少なりとも練習を積めば、味覚はすぐに鍛えられます。カッピング（P.24～25を参照）を繰り返すことで、さまざまな風味を感じ分けられるようになっていきます。その際、右の「フレーバーホイール」がヒントになるでしょう。常に参照できるように手元に置いておき、香り、味わい、口あたり、酸味の度合い、余韻を表現する際に活用してみてください。

フレーバーホイールの使い方

　まず中心付近の大きな扇型を参考に、核となる味わいを見極めてから、より具体的な特徴に注目してみましょう。その後、酸味、口あたり、後味のホイールを見ながら、舌で感じる物理的な感覚を分析してみます。

1　カップにコーヒーを注ぐ　鼻で香りを感じ取り、フレーバーホイールを見てどれに当たるかを考えます。たとえば、ほのかにナッツ系の香りを感じた場合は、ヘーゼルナッツ、ピーナッツ、アーモンドのどれを思わせる香りかを考えてみましょう。

2　一口飲んでみる　もう一度フレーバーホイールを確認します。フルーツやスパイスのような風味はあるでしょうか？　どれが当てはまるかだけでなく、当てはまらないのはどれかも考えてみましょう。フルーツ系などの大まかな系統を見極めたら、ストーンフルーツ系と柑橘系のどちらだろうか、といったようにさらに細分化していきます。柑橘系だとしたら、レモンやグレープフルーツのどれに当たるでしょうか？

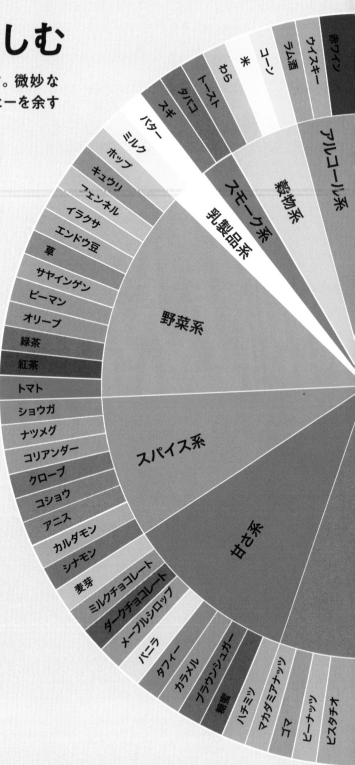

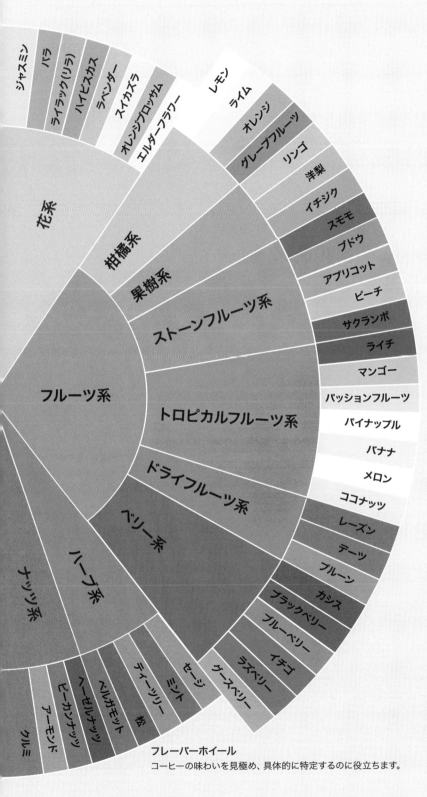

フレーバーホイール
コーヒーの味わいを見極め、具体的に特定するのに役立ちます。

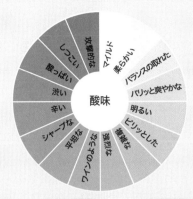

3　さらに一口飲む　ほどよい酸味はコーヒーを生き生きとさせます。明るい酸味、強い酸味、まろやかな酸味、平坦な酸味などのどれでしょうか？

4　口あたりに注目　口あたりは軽いものや重いものがあります。滑らかで濃厚な口あたり、軽くて爽やかな口あたりなど、どんな感じがするでしょうか。

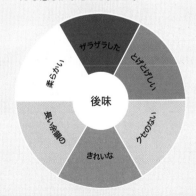

5　飲み込む　後味は長く続くか、すぐ消えてしまうでしょうか？　強くも弱くもない感じでしょうか？　それとも苦味や不快な味がするでしょうか？　このホイールに当てはまるものがあるかどうか確認してみましょう。

コーヒーの扱い方と淹れ方

品質の指標となる情報

コーヒーのパッケージにある商品説明は、各企業独自の言葉遣いで書かれています。誤解を招くとまでは言わなくとも、紛らわしかったり、矛盾したりするような表現も時おり見られます。各用語の意味を把握しておけば、求めているコーヒーを見つけやすくなるはずです。

豆の品種を特定する

コーヒーのパッケージに「アラビカ豆」や「ロブスタ豆」（コーヒー豆の主要な2種、P.12〜13を参照）としか表記されていないものもありますが、これはワインで言えば、赤か白かだけを伝えているようなものです。これだけでは、正しい情報をもとに購入することはとてもできません。一般的にロブスタはアラビカよりも劣っていますが、「アラビカ豆100％」とだけうたったラベルも、品質を知るための指標としては紛らわしいと言えます。なかなかお目にかかれないだけで、素晴らしいロブスタがあるのも事実。たいていはアラビカを買うのが安全ですが、質の悪いアラビカもなかには存在します。それでは、目の肥えた消費者は、どのような情報を求めているのでしょうか。

最高品質のコーヒー豆の場合は、産地、品種、生産処理方法、味わいなど、非常に細かな情報まで書かれているのが普通です（P.33を参照）。消費者が高品質なコーヒーに詳しくなっているなかで、消費者に満足してもらうためには、正直さとトレーサビリティ（産地などの情報開示）が鍵になることを、ロースターの側も気づかなければなりません。

ブレンドとシングルオリジン

コマーシャルコーヒーとスペシャルティコーヒーのどちらも、たいていは商品説明に「ブレンド」や「シングルオリジン」と書かれています。これはコーヒーの原材料を示しています。ブレンドは、ある味わいの特徴を求めて、複数品種のコーヒー豆を混ぜ合わせたもの。反対にシングルオリジンには、1つの国または農園の豆だけが使われています。

ブレンド

ブレンド人気には理由があります。ブレンドをすれば味わいの特徴が安定し、年間を通してその味わいを維持できるからです。企業においては、ブレンドの豆の品種や構成比は企業秘密として固く守られています。ラベルにも、豆の品種や産地の比率が表記されることはありません。一方、スペシャルティコーヒーのロースターはむしろ各コーヒー豆に敬意を払い、ブレンド内容をパッケージに明記します。たとえば、個々の品種の特徴や、どのように味わいが噛み合い、バランスが取れているかなどです（次ページの「ブレンドの一例」を参照）。

シングルオリジン

通常「シングルオリジン」とは、1つの生産国からのコーヒー豆を表す言葉です。しかし、生産国だけでは、範囲が広すぎて具体的な豆を特定できません。同一国の複数の産地や農園の豆がブレンドされていたり、品種や生産処理方法がバラバラだったりする場合もあります。また、質が統一されていない可能性もあります。100％ブラジル産などとあっても、高品質の豆だけで構成されているわけではないのです。同じく、1つの産地の中でも味わいが大きく異なる場合もあるため、生産国の情報だけでは味わいを知ることはできません。

ただ、スペシャルティコーヒー業界では定義が異なります。パッケージに「シングルオリジン」とある場合は、単一の農園、協同組合、生産者グループ、家族経営の農園のコーヒーなど、もっと具体的な意味を持ちます。こうした単位で買い付けたコーヒーは、一般的に数量限定か

「ブレンド」とは世界各地の豆を混ぜ合わせたもの。「シングルオリジン」は、1つの国・協同組合・農園からの豆を指します。

季節限定として売られます。年間を通して購入できない場合もありますが、在庫があり、コーヒーの風味がベストである間は入手できるでしょう。

コーヒーに敬意を払う

　シングルオリジンやブレンドに関わらず、上手く栽培・生産処理し、丁寧に輸送して、豆本来の味わいを引き出すように焙煎することは、コーヒーが持つ繊細さに最大限の賛辞を贈ることになります。スペシャルティコーヒーの販売企業はこれらに誇りを持って実践しているからこそ、最高の品質のコーヒーを提供できているのです。

ブレンドの一例

ロースターは豆をブレンドすることで多彩な味わいを作り出します。ラベルには各豆の産地やブレンドでの役割が記されます。ここでは一級品のブレンドの例をイラストで表しました。

20%ケニア AA ウォッシュト SL 28

明るい酸味
カシス
さくらんぼ

ブレンド

フルーツ、ナッツ、チョコレートが複雑に絡み合うブレンド。後味は甘く、シロップのような口あたりです。

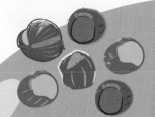

30%ニカラグア ウォッシュト カトゥーラ

強い甘み
キャラメル
ローストされたヘーゼルナッツ
ミルクチョコレート

50%エルサルバドル パルプト・ナチュラル ブルボン

バランスが良い
スモモ
リンゴ
タフィー

選び方と保存方法

自宅で楽しむための良質なコーヒーは、かつてないほど簡単に探せるようになっています。近くにスペシャルティコーヒーの販売店がなくても大丈夫。多くのショップはオンラインで豆や抽出器具を販売しているほか、コーヒーの味わいを引き出すコツも紹介しています。

豆を選ぶ

購入する場所

　コーヒーを生鮮食品として扱っているスーパーマーケットはまずありません。良質で新鮮な豆を求めるのなら、コーヒーを専門に扱っている近所の店舗やオンラインショップの方が見つけやすいでしょう。とはいえ、数々の選択肢や見慣れない説明書きのすべてを読み解くのは難しくもあります。ここなら安心という店を決めるときは、少し調べてみてください。たとえば、豆の説明書きや包装方法など、いくつかの重要な点に絞って評価し、自分の舌で確かめたら、オープンな気持ちで販売店を比較したり、いろいろと試したりしてみましょう。求めている質のものが手に入る販売店が見つかるまで、このように比較検討してください。

容器
店頭で未包装の豆を購入する場合は、焙煎日を確認しましょう。ふた付きの容器で保存するのが理想です。密閉しないと、ほんの数日で鮮度が失われてしまいます。

量
少なめに購入するのが、鮮度を楽しむ秘訣です。できれば、一度に購入するのは数日や1週間で飲み切れる量に抑えましょう。100g程度を頻繁に購入するのも手です。

パッケージの説明書きに注目

　多くのコーヒー豆は格好良くパッケージされて売られていますが、実際、その商品に関する役立つ情報はほとんど書かれていません。意味のある情報が多ければ、良質なコーヒーである確率もそれだけ高くなります。

一方通行のバルブ

焙煎したてのコーヒー豆は炭酸ガスを発します。密閉しないと、炭酸ガスが抜けて酸素が入り込み、繊細なアロマが失われてしまいます。バルブ付きのパッケージは炭酸ガスだけを逃し、酸素で劣化しないようにコーヒーを密閉しているのです。

日付

パッケージには賞味期限だけでなく、焙煎して包装した日も記載してほしいもの。ほとんどのコマーシャルコーヒーには、焙煎や包装の日付の記載はなく、1〜2年後の賞味期限だけで済まされています。これではコーヒーや私たち消費者のためにはなりません。

種類

コーヒーの種や品種、産地、ブレンドかシングルオリジンか（P.30〜31を参照）などの記載があると良いです。

焙煎度

図示されていると判断しやすくなります。しかし、焙煎度を表す用語は標準化されていません。「ミディアムロースト」の定義も、聞く人によって煎り具合は全然違います。一般的に「フィルターロースト」は浅め、「エスプレッソロースト」は深めの焙煎度を指しますが、ある店のフィルターローストが別の店のエスプレッソローストよりも深煎りということも珍しくありません。知識が豊富な販売店であれば、好みの焙煎度の相談に乗ってくれるでしょう。

07-05-21

フィンカ・ラ・サエタ・デ・コラソン
コロンビア（ウイラ県ピタリト）マルガリータ・マリア・サラサール・ウエルタス

100%カトゥーラ
半日陰栽培

ライトミディアムロースト

フィルターでの抽出に最適

フーリーウォッシュトの美しい豆です。ピタリト郊外の海抜1,700mに広がる、サラサールさんの2haの農園で栽培されました。レモングラスのような明るい酸味と、ローズヒップ、青リンゴ、ハチミツを思わせる風味で、口あたりは繊細でクリーミー。その際立った美味しさをご堪能ください。

ザ・コーヒー・ブック・ロースティング・カンパニー

トレーサビリティ

協同組合、生産処理場、アシエンダやファゼンダ（ともに大農園を指す）、フィンカ（農園）、さらに農園のオーナーや管理者の名前があるのが理想的。コーヒーのトレーサビリティが高ければ、そのコーヒーはまずまずの品質であると言えます。つまり、サステナビリティを考慮した価格で取引され、生産者から販売店に至るまで丁寧に扱われてきたということです。

期待される味わい

コーヒーの生産処理方法と、期待される味わいの情報があるのがベターです。産地の標高やシェードツリー（日陰樹）の有無の情報も、その豆の品質を判断する指標になりえます。

包装のタイプ

コーヒーの主な天敵は、酸素、熱、光、湿気、強い臭いです。購入の際は、オープンタイプの容器やホッパーで売られていないことと、焙煎日の記載があることに注意しましょう。容器が清潔で、フタやスニーズガード（つばよけカバー）があれば別ですが、こうした容器の場合、よほど注意して扱わない限り、コーヒーの品質の保護にはまったく役に立ちません。不透明なパッケージで密閉され、一方通行のバルブが付いているものがおすすめです。こうしたバルブは丸い形のプラスチックで、豆から出る炭酸ガス（CO_2）を外に逃し、酸素は通さない仕組みになっています。クラフト紙のパッケージは最低限の保護しかできないので、未包装の豆を買ったつもりで扱ってください。厳重に真空包装されているものは避けましょう。こうしたコーヒーは完全にガス抜きされているため、包装の時点ですでに鮮度が失われています。豆を選ぶ際は、できるだけ新鮮なものを。焙煎後1週間しか経っていなくても、古すぎるという見方もあります。

高い豆＝最高の豆？

まず、最安値の豆が高品質ということはありえません。そういう豆は原価割れしている可能性が高いです。また、マーケティングにお金をかけて高値で販売されているものにも注意しましょう。たとえば「動物の糞から採れたコーヒー」は、法外に高く、価値を伴っていないことがほとんどです。聞き慣れない島で採れた豆も同様です。こうした豆の場合、優れた風味にではなく、人為的に作られたブランドに対して余分な対価を払わされているかもしれません。品質の低い豆と高い豆の価格差は、得てしてほんのわずかです。極上のコーヒーを味わうことは、誰もが楽しめる贅沢の1つなのです。

アドバイス

品質重視のカフェでは、エアロプレスなどのシングルサーブの抽出器具を販売するところが増えています。プロのように器具を使いこなすには、バリスタにおすすめの方法やアドバイスを聞いてみましょう。

安物の豆とエシカル（道徳的）に調達された豆の価格差は、多くの人が考えるよりもはるかに小さいのです。

保存方法

　家でもっと新鮮なコーヒーを楽しみたい場合は、ホールビーン（豆のまま）で購入したり、家庭用のコーヒーミルを購入するのが近道の1つです。粉の状態のコーヒーは、ものの数時間で劣化してしまいますが、適切に密閉したホールビーンであれば、数日から最長で数週間、新鮮な味わいを保てます。購入の際は、1〜2週間で飲み切る量に抑えてください。ホールビーンと、手回しまたは電動のコニカル式コーヒーミルなどが用意できたら、1回分だけグラインドしましょう。

やってほしいこと

　密閉容器に入れ、乾燥した暗所で保存しましょう。強い臭いがあるものからは離してください。豆のパッケージが密閉タイプなどではない場合は、パッケージごとタッパーなどの容器に入れます。

やってはいけないこと

　冷蔵庫では保存しないこと。ただし、長期間保存する必要がある場合は豆を冷凍し、使うときは一度に抽出する分だけ解凍します。一度解凍したものは再冷凍しないでください。

**古いコーヒーと
新鮮なコーヒーの比較**
上手く焙煎された新鮮なコーヒーからは、力強く甘い香りが立ち上ります。きつい、酸っぱい、あるいは鉄っぽい風味とは無縁です。炭酸ガスの有無を見ると、豆の鮮度がよくわかります。右の2杯はカッピングの手順（P.24〜25を参照）にしたがって淹れたものです。見た目を比べてみましょう。

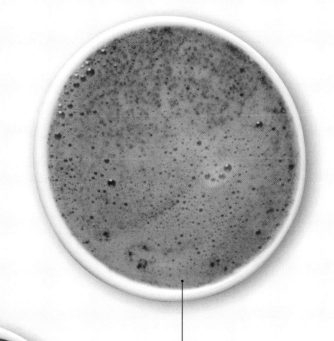

新鮮なコーヒー
新鮮な豆に閉じ込められた炭酸ガスが水と反応して泡や気泡が発生します。この泡のことを「ブルーム」とも言います。ブルームは1〜2分で徐々に落ち着きます。

古いコーヒー
水と反応する炭酸ガスがほとんどないか皆無なため、液面は平らで、膨らみません。粉が乾きすぎていて、水分が行き渡りにくくなっている可能性もあります。

自家焙煎に挑戦

自宅で豆を焙煎すれば、自分好みの味わいに仕上げることができます。電動式の家庭用焙煎機を使って焙煎の度合いを制御するのもいいですし、単純に中華鍋に豆を入れてコンロにかけるだけでも焙煎できます。後者の場合は、頻繁にかき混ぜましょう。

焙煎のやり方

時間、温度、全体的な焙煎の度合いをうまく調整するには、いくらかの練習が必要です。それを考慮しても、コーヒーの秘めた味わいをもっと深く理解するためには、焙煎は魅力的な方法ですし、満足感が得られます。いくつかの要素を固定していろいろ試してみれば、自分好みの豆にあった焙煎方法が見つかるでしょう。コーヒー豆を焙煎して、美味しくかつ茶褐色に仕上げるにも、すべてに当てはまる万能な方法はありません。焙煎方法とそのと

きの味わいを記録していくことで、思いどおりに焙煎具合をコントロールするコツがつかめるはずです。

焙煎時間は全体で10〜20分が目安。10分未満だと、まだ緑がかったままで渋味が出てしまう可能性があります。20分を超えた場合、平坦で中身のない味になってしまうかもしれません。電動式の家庭用焙煎機を買った場合は、メーカーの説明書をよく読みましょう。

焙煎のプロセス
コーヒー豆は焙煎が進むにつれて変化し、膨張したり、滑らかになったり、さらにはさまざまな香りが放たれます。

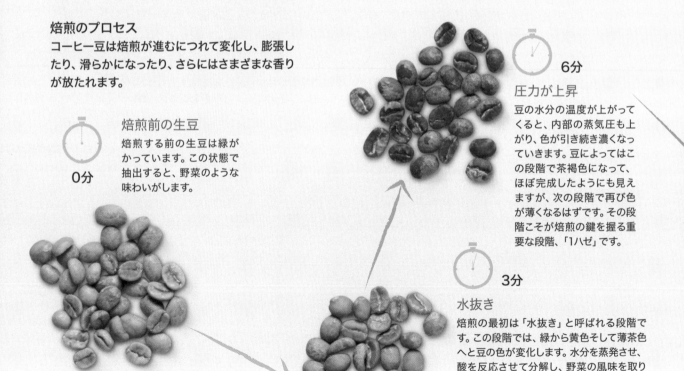

0分

焙煎前の生豆
焙煎する前の生豆は緑がかっています。この状態で抽出すると、野菜のような味わいがします。

6分

圧力が上昇
豆の水分の温度が上がってくると、内部の蒸気圧も上がり、色が引き続き濃くなっていきます。豆によってはこの段階で茶褐色になって、ほぼ完成したようにも見えますが、次の段階で再び色が薄くなるはずです。その段階こそが焙煎の鍵を握る重要な段階、「1ハゼ」です。

3分

水抜き
焙煎の最初は「水抜き」と呼ばれる段階です。この段階では、緑から黄色そして薄茶色へと豆の色が変化します。水分を蒸発させ、酸を反応させて分解し、野菜の風味を取り除くのが目的です。豆はポップコーンやトーストのような匂いがして、色が変化するにつれてシワのようなものができてきます。

コーヒーの生豆

オンラインショップやスペシャルティコーヒー販売店では、新鮮で質の良い生豆が簡単に手に入るでしょう。その豆を使って焙煎を始めれば、繁華街のどんなコーヒー専門店にも匹敵する、自家焙煎コーヒーを作れるようになります。ただし、何度も試行錯誤する心づもりでいてください。たとえ最高の品質の豆であっても、豆の味わいを台無しにしてしまう可能性は大いにあります。

古い生豆や低品質の生豆を、素晴らしい味わいに仕上げることはできません。せいぜい豆を真っ黒く焙煎し、木材や麻袋のような平坦な味を焦げ味で包み込むことくらいしかできないでしょう。

アドバイス

納得の焙煎度合いになったら、豆を2〜4分ほど冷まします。1〜2日置いてガス抜きしてから使いましょう。エスプレッソの場合は、さらに長く1週間ほどガス抜きの期間を設けてください。

9分

1ハゼ

蒸気圧によって、ついには豆の細胞構造が破裂し、ポップコーンがはじけるときと似た音がします。このとき豆が膨張して表面は滑らかになり、色は均一になって、コーヒーのような香りがしてきます。フィルターやフレンチプレスでの抽出用に用意する場合は、この1ハゼから1、2分で焙煎を止めましょう。

13分

煎る段階

糖分、酸、化合物のそれぞれが反応し、味わいが形成されます。酸の分解や、糖分のカラメル化が進み、細胞構造は水分が抜け切りもろくなってきます。

16分

2ハゼ

やがて気体の圧力によって2ハゼが始まり、もろくなった豆の表面に油分が押し出されてきます。エスプレッソ用の豆は、2ハゼの序盤か中盤まで焙煎したものが多いです。

20分

2ハゼ以降

豆が持つ本来のコーヒーの香りはほとんど感じられません。炙ったような香りや灰のような香りと苦味が占めます。油分が表面ににじみ出ているので、すぐに酸化してとげとげしい味になります。

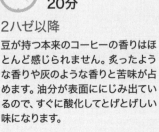

コーヒーミル

高価な抽出器具に投資する人は多いですが、抽出するコーヒーの質を驚くほど高めて、それにふさわしい口あたりを出す最も手っ取り早い方法をご存知でしょうか？　それは新鮮なコーヒー豆を質の良いコーヒーミルで挽くことです。

目的に合ったものを選ぶ

　エスプレッソ用とフィルター用のコーヒーミルは異なります。好みの方法に合ったミルを買うようにしましょう（右ページとP.40～41を参照）。異なるとは言え、このどちらにも共通して見るべきポイントがあります。

　一番よく見かけるプロペラ式のコーヒーミルは、ボタンを押している間、刃が回り続ける仕組みのものが一般的です。タイマーを使って時間や挽き具合に注意したとしても、毎回同じメッシュ（粒の大きさ）を正確に再現するのは困難です。豆の量を変えると、特にむずかしくなります。またプロペラ式の場合、特にフレンチプレスでは、カップの底に微粉が多く溜まりやすくなります。プロペラ式のメリットとしては、一般的に価格が非常に手頃なことです。

　ここから1つグレードを上げるなら、もう少しお金を出してコニカル式またはフラット式のバーグラインダー（以下のイラストを参照）を購入しましょう。これらは「バー」と呼ばれる刃で豆を粉砕するタイプで、メッシュがより均一になり、抽出される成分の均質さが増します。段階的にメッシュが調節できる機種では、挽けるサイズがあらかじめ設定されている一方、「ステップレス」のタイプでは自分でメッシュを細かく調整できます。バーグラインダーでも、特に手回し式のタイプであれば、必ずしも値は張りません。

　もう少し予算に余裕があり、1日に挽く豆の量が多い場合は、電動式を選びましょう。たいていはタイマー機能があるので、これを使えば一度に挽く量を調節できます。ただし、同じ30gを挽く場合でも、粗めに設定すると所要時間が短くなり、細めに設定すると長く時間がかかる点に注意してください。

コニカル式のバーグラインダー
フラット式よりも耐久性があります。約750～1,000kg挽くごとに交換が必要です。

フラット式のバーグラインダー
一般的にはコニカル式より安価です。こちらは約250～600kg挽くごとに交換が必要です。

フィルター用のコーヒーミル

　エスプレッソ用よりも安価なミルです。メッシュは調節できますが、エスプレッソ向けの極細挽きには対応していないのが普通です。また、計量機能が付属した機種はめったにありません。

　前ページでも触れたように、刃を回転させて豆を切り刻むタイプのものは避けましょう。プロペラ式はコントロールがむずかしいうえに、抽出過多になってしまう微粉や、逆にほとんど成分が抽出されない大粒の破片ができてしまいがちです。こうなると味わいがバラついてしまい、良質な豆を正しく抽出してもこのバラつきはなくなりません。

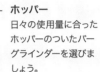

ホッパー
日々の使用量に合ったホッパーのついたバーグラインダーを選びましょう。

ダイヤル式のタイマー
一部のミルにはタイマー機能が付属し、自動的に停止する仕組みになっています。

メッシュの調節
部品をいくつも分解しなくても簡単にメッシュを調節できるミルを選びましょう。

受け皿
受け皿で粉を保存するのはやめましょう。また、1回分だけを挽くようにしてください。

フィルター用の電動ミル
すぐに挽けて便利です。特殊な清掃用の錠剤を使って、定期的に掃除するようにしてください。

フィルター用の手回しミル
若干の辛抱強さと挽く力が必要です。一度に少量しか挽かない場合や、電気がないところでも挽きたてが飲みたい場合に最適です。

エスプレッソ用のミル

　極細挽きに対応したエスプレッソ用のミルでは、メッシュを細かく調節できます。また、エスプレッソ1回分の粉を作れる「ドーサー」付きのタイプも多いです。しっかりとしたモーターが搭載されているためフィルター用のミルよりも重く、販売価格も高めですが、自宅で本格的なエスプレッソを楽しみたい場合にはこの一台が欠かせません。

ステップレスの調節ダイヤル
これを使えば、好みのメッシュの粉を正確に作れます

ドーサー
一部の機種にはデジタル式のタイマー機能が付属し、1ショットに必要な量だけ挽くことができます。

ホッパー
ほとんどのミルのホッパーには、一度に1kgまで豆を入れられます。ただし、コーヒーの鮮度を保つために、多くても2日で飲み切る量だけに留めておきましょう。

バー
良いエスプレッソ用のミルは、フラット式またはコニカル式のバーで挽きます。

エスプレッソ用の粉を挽くには

エスプレッソ専用に作られたミルが必要です。また、エスプレッソ以外には使用しないことをおすすめします。これだと思うショットに行き着くまでには、繰り返しミルの設定を調節する必要があり、多くの豆を消費します。1日の中でエスプレッソ用からフィルター用に設定を変え、そこからまた元に戻すのは時間がかかりますし、何より多くの豆が無駄になってしまいます。

オン/オフボタン
ミルにドーサーが付いていない場合は、オン/オフボタンでグラインドを止めます。

豆のそれぞれの抽出法に合った挽き方

抽出法	メッシュ

イブリック

イブリックと呼ばれるポットでトルココーヒーを淹れる場合は、抽出の過程で風味が最大限に引き出されるように、パウダー状になるまで挽きます。ここまで極細に挽けるのは、ほんの一部のミルに限られます。トルココーヒー専用の手回しミルが必要でしょう。

極細挽き　　　拡大写真

エスプレッソマシン

エスプレッソは寸分の狂いも許されない抽出方法です。そのため、バランスの取れたショットになるように、メッシュの大きさがジャストな細挽きになるように挽く必要があります。

細挽き　　　拡大写真

フィルター

ペーパーフィルター、ネルドリップ、マキネッタ、コーヒーメーカー、水出しコーヒーなどの多くの抽出法には、中挽きが適しています。ある程度の範囲内で1回分の粉の量を増減させれば、好みの味わいに行き着くことができます。

中挽き　　　拡大写真

フレンチプレス

コーヒーをろ過しないため、粗挽きの豆の細胞構造に水分が浸透していきます。この方法では、美味しい成分が抽出されるだけでなく、過度な苦味が抑えられます。

粗挽き　　　拡大写真

コーヒー Q&A

コーヒーについては多くの情報が錯綜しており、自分に関係する情報を見つけるのも一苦労です。カフェインの作用が多岐にわたることがその主な原因でしょう。ここでは、一般的な疑問に対する、信頼できる回答を紹介します。

依存性はどのくらい？

コーヒーは依存性薬物には分類されません。禁断症状が出ても、徐々に摂取量を減らせば短期間で症状を軽減できます。

コーヒーは健康にいいの？

コーヒーとそれに含まれる抗酸化物質（カフェインなどの有機化合物）は、さまざまな健康問題にプラスに働くことがわかっています。

脱水作用があるって本当？

利尿効果が出ることはありますが、コーヒーの約98％は水なので脱水作用はありません。水分が失われても、摂取した水分で実質的に相殺されます。

98%は
水

コーヒーを飲めば集中力が上がるの？

集中力と記憶力を制御する脳の活動が、一時的に活発になります。

カフェインが効かないのはなぜ？

毎日同じ時間に飲むと、カフェインの作用に鈍感になることがあります。飲む量や時間を時々変えてみてください。

カフェインが運動に与える影響は？

適度に摂取すると、有酸素運動時の持久力や無酸素運動時の運動能力が向上することがあります。これらは、気管の拡張による呼吸量の増加や、血流糖度の増加によって筋肉に糖が供給されることで起こります。

眠気が収まる仕組みは？

眠気はアデノシンが受容体に結合することで生じますが、カフェインはこの結合を阻害します。さらにこの阻害によってアドレナリンの分泌が促進され、注意力が高まるというわけです。

深煎りの方がカフェインは多い？

焙煎が深いほどカフェインが多いわけではなく、むしろ極深煎りではカフェインが少なくなることもあります。そのため、深煎りのほうが覚醒が早くなるということはありません。

コーヒーの苦さに違いがあるのはなぜ？

コーヒーには天然の苦味成分が含まれていますが、苦味に差が出る主な理由は焙煎度の違いです。より黒く、ツヤのある豆の方が、淹れたコーヒーは苦くなります。また、抽出に失敗したり器具が汚れていたりしても、後味が苦くなることがあります。

コーヒーと紅茶、カフェインが多いのはどっち？

原材料だけで比べれば、紅茶の茶葉の方がコーヒー豆よりもカフェインを多く含んでいますが、抽出液の場合は、コーヒー1杯の方がカフェインの含有量は多くなります。

コーヒー豆も悪くなることはある？

湿気の多い場所に置いておくとカビ臭くなることがありますが、上手に保管すれば、理論上は年単位で持ちます。ただし、時間の経過とともに味わいが落ち、美味しくなくなります。

世界で一番コーヒーを飲む国は？

純粋な量だけを見れば、輸入量が最も多いのはアメリカですが、1人当たりの消費量が多いのは北欧の国々です。トップを走るのはフィンランドで、コーヒー豆の1人当たりの年間消費量は12kgにも達します。

挽いた後のコーヒーは冷蔵庫で保存するのがベスト？

冷蔵庫に入れる必要はありません。冷蔵庫だと、湿気を吸ったり他の食品の匂いが付いたりしてしまうこともあります。挽いた粉は、乾いた密閉容器に入れ、直射日光の当たらない涼しい場所で保管しましょう。

水質チェック

1杯のコーヒーに水が占める割合は98〜99%。だからこそ、抽出に使う水質はコーヒーの味わいを大きく左右するのです。

水に含まれる成分を知る

　コーヒーの抽出には、無臭で無色透明の水を使いましょう。ミネラル、塩分、鉄分などは抽出に影響を及ぼすことがありますが、水の見た目や味からは判断がつかないかもしれません。ミネラル成分の少ない軟水が出る地域もある一方で、硬水が出る地域もあり、そうした水は塩素やアンモニアなどの薬品の味がすることもあります。お住まいの地域の水の硬度が高すぎる場合、すでにミネラルが飽和状態にあるため、コーヒーが抽出不足になり、軽くて薄味になることがあります。場合によっては、使うコーヒー豆の量を増やすか、メッシュを細かくして補う必要もあるでしょう。同じように、水が軟らかすぎたり、ミネラル分がまったくなかったりすると、抽出過多になって不快な成分が抽出され、苦味や酸味が増してしまいます。

カーボンフィルター
活性炭で不純物を吸着します。

浄水器
フィルターは定期的に交換すること（100L程度ごとが目安ですが、硬水の場合は頻度を上げてください）。

水質を確認する

　自宅のキッチンで水質を確認してみましょう。カッピングの手順に従ってコーヒーを2杯用意します（P.24〜25を参照）。豆、メッシュ、抽出法は2杯とも同じにして、1杯は水道水で、もう片方はペットボトルの水で淹れてください。飲み比べてみると、今まで気づかなかった味わいを感じられるかもしれません。

浄水する

　水道水が硬すぎる場合や、「コーヒーを淹れるのにペットボトルの水はちょっと…」という方は、家庭用のシンプルな浄水器を購入して使ってみると、美味しくなる可能性があります。蛇口に取り付けるタイプや、交換できるカーボンフィルターが付いたポット型の単純な浄水器でも良いでしょう（上図を参照）。ミネラル分で飽和した水とそうでない水では、味わいの違いは歴然。ほとんどの方がその差に驚きます。水道水からペットボトルの水や浄水器の水にスイッチするのも、自宅で飲むコーヒーの質を高める近道の1つです。

塩素
0mg

総アルカリ度
40 mg前後

ナトリウム
5〜10 mg

pH
7

鉄、
マグネシウム、
銅
0mg

カルシウム
30〜80 mg

理想的な水
検査キットを買って水質
を調べてみましょう。右
の数字が目標値です
（1L当たり）。

TDS
100〜200mg

つまりどういうこと？

コーヒーの抽出に関連して水質を表すときに最もよく用いられるのは、総溶解固形物（TDS）という言葉です。単位はmg/Lまたはppm（1ppm＝100万分の1の割合）。TDSとは、水に含まれる有機／無機化合物の総量のことです。「硬度」はまた別の言葉で、水中のカルシウムイオンの量を指します。pHは中性が望ましく、この値が高すぎても低すぎても、コーヒーの味わいが平坦になったりエグミが増えたりしてしまいます。

エスプレッソを淹れる

エスプレッソは、ポンプで圧力をかけてコーヒーを淹れる唯一の抽出法です。エスプレッソマシンで淹れるときは水温が沸点未満に保たれるので、コーヒーを過度に熱さずにすみます。

エスプレッソとは？

エスプレッソの淹れ方については数多くの理論や手法が存在し、古典的なイタリア式やアメリカ流のアレンジ、さらにはスカンジナビア流、オーストラリアやニュージーランド流のやり方まで、多岐にわたります。ただ、そもそもエスプレッソというのは抽出法や飲み物を指す言葉にすぎず、決まった型はありません。どの手法に傾倒するにしても、このことを覚えておくとよいでしょう。

また、焙煎度を指して「エスプレッソ」と言う人も多くいますが、エスプレッソに使うコーヒーはどんな焙煎度でも、どんな豆やブレンドでも好きなものを使うことができます。

マシンの準備

マシンのメーカーが勧める方法に加えて、ここで紹介するコツも参考にしてください。美味しいエスプレッソを自宅で淹れられるようになるまでの道のりが、いくらか簡単になるかもしれません。

用意するもの

器具
エスプレッソマシン
乾いたふきん
タンパー
タンピングマット
クリーニングパウダー
掃除道具

材料
焙煎済みのコーヒー豆 (少し寝かせたもの)

1 掃除済みのエスプレッソマシンに新鮮な水を入れます。コーヒーミルには、焙煎から1〜2週間寝かせてガス抜きした豆を入れます。マシンとポルタフィルターをしっかりと温めておきます。

2 マシンに残っている粉が再度抽出されないように、ポルタフィルターのバスケットを乾拭きします。

焙煎度や豆に関する理論は数多く
存在しますが、そもそもエスプレッソ
は抽出法を指す言葉にすぎません。

アドバイス

美味しいエスプレッソには練
習が必要。デジタル式のキッチンス
ケールや小さい計量カップで比率を
正しく計り、試行錯誤しながら量を
記録します。自分の舌を信じて、
好みの味わいを探して
みてください。

3 グループヘッドから軽くお湯を出します。
湯温を安定させ、シャワースクリーンに残
っている古い粉を流すためです。

4 豆を挽き、16〜20gをバスケットに入れま
す（これをドーシングと言います）。量はポ
ルタフィルターのサイズや好みのレシピに
よって調節してください。

ショットを淹れる

美味しいコーヒーを何度も繰り返し安定して淹れることは、相当に難しいことです。さらに自宅でエスプレッソを淹れるとなれば、ほかのどの抽出法よりも練習が必要になります。美味しく淹れられるマシンを導入したいと思った方には、エスプレッソの抽出は本格的な趣味でもあり、日課的な儀式でもあります。

エスプレッソに使うコーヒーは細挽きにして、抽出される表面積が広くなるようにしてください。こうすることで、小さくも力強く、粘度があるエスプレッソが出来上がります。クレマと呼ばれる液面の泡には、豆、焙煎、抽出の成果が、良い面も悪い面もすべて凝縮されます。

1 ポルタフィルターを優しくゆするか、カウンターに軽く打ち付けて、粉を平らにならします。上の写真のように、ならすための道具を使うのも良いでしょう。

2 バスケットのサイズに合ったタンパーを使います。バスケットの上端に対して水平を保ち、厚さが均一になるように、粉をギュッと下に押して固めます。力を入れすぎたり、ポルタフィルターを叩いたり、何度もタンピングする必要はありません。

3 すべての粉を均一に押して、表面が平らな固まりになるようにするのが目標です。こうすることで水圧に耐えることができ、お湯が通過する過程で均質に抽出されます。

アドバイス
平らにする段階では粉を押さないこと。道具や指を使って粉を上下左右にならし、すき間がほぼなくなるようにします。

エスプレッソの抽出は本格的な趣味でもあり、日課的な儀式でもあります。少々手間はかかりますが、習得するのは楽しいものです。

アドバイス

ぴったりのメッシュに挽いて、満足のいくショットにたどり着くまでに、1日に何杯か捨てることもあるでしょう。完璧なエスプレッソを目指すときのよくある落とし穴を、P.50で確認してください。

4 ポルタフィルターをグループヘッドに取り付けたら、すぐにポンプを作動して抽出します。2杯分の湯量を設定して淹れるか、手動のボタンを使う場合は、目的の湯量に達したところでポンプを止めます。

5 温めておいたエスプレッソカップをスパウトの下に置きます（ショットをシングル2杯同時に分けて淹れる場合は2つ置きます）。

6 5〜8秒ほどでコーヒーが出てきます。したたって流れ出るコーヒーは濃い茶色や金色です。抽出が進み、成分の抽出が終わりに近づくにつれて、色は薄くなります。クレマも含めて、50mlほどを25〜30秒で抽出するようにしましょう。

完璧度をチェック！

　上手く淹れられたエスプレッソの液面には、濃いキツネ色のクレマが滑らかに広がります。大きな泡ができたり、クレマが薄かったり途切れたりする箇所はありません。抽出後少し置いたときに、クレマがすぐに消えず、数ミリの厚さで残っているでしょうか。味わいの面では、甘味と酸味のバランスが取れ、口あたりが滑らかかつクリーミーで、心地良い後味が残れば成功です。また、焙煎度や抽出法を超えて、豆本来の要素が感じられなければなりません。グアテマラ産ならチョコレート、ブラジル産ならナッツ、ケニア産ならカシスなどが感じられるか確かめましょう。

ミスしやすいポイント
一定の時間内（P.49を参照）の抽出量が50mlを超えた場合、以下の原因が考えられます：
・メッシュが粗すぎる
・粉量が少なすぎる

抽出量が50mlを下回った場合、以下の原因が考えられます：
・メッシュが細かすぎる
・粉量が多すぎる

酸味が強すぎて酸っぱいと感じた場合、以下の原因が考えられます：
・お湯の温度が低すぎる
・豆の焙煎度が浅すぎる
・メッシュが粗すぎる
・粉量が少なすぎる

苦すぎると感じた場合、以下の原因が考えられます：
・お湯が熱すぎる
・マシンに汚れがたまっている
・豆の焙煎度が深すぎる
・コーヒーミルの刃が鈍っている
・メッシュが細かすぎる
・粉量が多すぎる

エスプレッソの成功例

エスプレッソの失敗例

マシンの手入れ

コーヒーには油分や微粒子などの水溶性の成分が含まれています。抽出器具は常に清潔に保たないと、こうした成分が溜まり、苦く灰っぽい味が出てきてしまいます。ショットの間にはお湯ですすぎましょう。また、毎日もしくはできるだけ頻繁に、専用の洗浄液をバックフラッシュ（逆流）させて掃除してください。

アドバイス

グループヘッドに付いているゴム製のガスケットは、清潔なブラシを使って汚れを落とします。ガスケットの位置がずれないように、マシンを使わないときでもポルタフィルターは取り付けたままにしてください。

2 ポルタフィルターを叩いて抽出済みの粉を捨て、乾拭きして汚れを取ります。

1 カップを脇によけ、ポルタフィルターをグループヘッドから取り外します。

3 グループヘッドからお湯を軽く流して、スクリーンに詰まっている粉を取り除きます。このお湯でスパウトもすすぎましょう。ポルタフィルターをグループヘッドに戻し、次のショットに備えて温めておきます。

ミルクも大切

良質なコーヒーは、ミルクや砂糖などを入れずにブラックで飲む価値があります。とは言っても、ミルクがコーヒーの最高のパートナーである事実は、だれも否定できません。日々、多くの人がコーヒーのお供にするミルク。スチーミングすれば、その自然な甘味が際立ちます。

ミルクの種類

　スチーミングするミルクは、成分無調整牛乳、低脂肪牛乳、無脂肪牛乳など、好きな種類のものでかまいません。ただし、味わいや口あたりは異なったものになります。たとえば低脂肪牛乳の場合、少し乾いた爽やかな感じに仕上がります。反対に成分無調整牛乳の場合は泡の量が抑えられ、滑らかでクリーミーになります。あるいは牛乳でなくても大丈夫。豆乳、アーモンドミルク、ヘー

ゼルナッツミルク、ラクトースフリーのミルクなども、スチーミングして泡を作れます。ライスミルクの場合、泡はあまりできませんが、ナッツアレルギーの方はこれで代用できます。これらのミルクの中には、牛乳よりも温まりやすかったり、泡が安定しなかったり、逆に泡がより滑らかになったりするものもあります。

スチーミング

　実際に必要な量よりも多い量で練習しましょう。温度が上がりすぎたらスチーミングをやめる必要がありますが、量が多ければそうなる前にいろいろと実験できます。はじめは、1L容量のピッチャーにミルクを半分入れてスチーミングするのが最も簡単です。マシンのスチームノズルがミルクの液面に届かない場合は、750mlや500mlのピッチャーで。これより小さいと扱いにくくなります。ミルクが早く温まってしまい、ミルクの動きや空気を含ませる速度に慣れることができません。

1 スチーミング用のピッチャーは、上端に向かって少し細くなっているものを使いましょう。このタイプなら空間に余裕があるので、ミルクが渦を巻いたり、膨れたり、泡になったりしてもこぼれません。冷えた新鮮なミルクを用意し、この写真のようにピッチャーの半分を超えないようにして入れます。

2 出てくるスチームがきれいになるまで、スチームアームをふかして中に残った水やミルクを出します。水がこぼれないように、専用の布でスチームノズルを包みます。やけどのおそれがあるので、指をノズルに近づけないように注意してください。

ミルクが小さな気泡や蒸気を含むにつれて、
チリチリ音が抑えられ、静かになって
いきます。

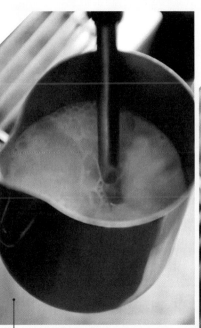

3 ピッチャーを立てて水平に持ちます。スチームノズルを、角度を付けてピッチャーに入れます。中心からは外しますが、側面に当たらないようにします。ノズルの先端だけが浸かるようにしてください。

4 右利きの場合は、右手でピッチャーの取手を持ち、左手でスチームをオンにします。ためらわずに一気にスチームを出しましょう。圧力が足りないと気泡ができず、ミルクからキーという大きな音が出てしまいます。その後、左手をピッチャーの底面に移します。ミルクの温度はこの左手で判断します。

5 ミルクが渦になるように、スチームの圧力をかける方向を調整します。チリチリという音が出ている間は、徐々に泡ができてきます。泡が増えるにつれて、その泡が緩衝材の役割を果たして音が小さくなっていきます。音が静かになると、気泡が小さくなり、高い密度の泡ができます。

スチーミング(続き)

アドバイス
60〜65℃までスチーミングした直後のミルクは甘味があり、美味しくいただけます。これより熱いと、茹でたポリッジ(オートミール粥)のような味になる場合があります。

6 温度が上がると、ミルクが膨らんでノズルの上の方に上がり、空気が入らなくなってきます。泡を多くしたい場合は、ノズルの先端が液面近くになるようにピッチャーを下げます。少なくする場合は、ミルクが上がってくるのに任せます。ミルクの渦を維持すると、大きな気泡が砕けて小さくなり、滑らかで密度の高い泡になります。

7 空気を含ませるのは、ミルクの温度が低い間だけにしましょう。ピッチャーの底が体温に近くなったと感じたら、空気を入れるのをやめます。約37℃より熱いときにできた泡は、滑らかな泡になりにくいためです。スチームをオンにした直後から空気を含ませていれば、望みの量の泡を作るのに十分な時間があります。

8 ミルクが渦を巻くようにスチーミングを続けます。ピッチャーの底が熱くて触れなくなったら、左手をピッチャーから離し、そこからもう3秒だけスチーミングしてスチームを切ります。これで約60〜65℃になっているはずです。ボコボコという低い音がしたら、ミルクが沸騰しています。そうなると卵やポリッジのような風味になり、コーヒーに使うにはベストとは言えません。

ミルクの保存方法

新鮮なミルクであれば、正しくスチーミングすることで泡ができます。賞味期限前のミルクであっても、泡を安定させるタンパク質がすでにある程度分解されているために、気泡がうまくできない場合があります。必ず、賞味期限が一番遠いミルクを選びましょう。日に当たっても悪くなってしまうので、透明でない容器のミルクを購入し、使用しないときは冷蔵庫で保存してください。

9 ピッチャーを脇によけます。濡れたふきんを使ってスチームノズルの汚れを拭き、ふきんの中で蒸気を噴射して、ノズル内に残ったミルクをすべて出します。ミルクの液面に大きな気泡があっても、数秒待てば割れやすくなります。カウンターにピッチャーを軽く打ち付けて気泡を壊しましょう。

10 大きな気泡が消えたら、ミルクが渦を巻くようにピッチャーを揺らしてミルクと泡を混ぜ合わせ、テカテカと輝くような質感を作ります。乾いた泡が中央で孤立してしまったら、ピッチャーの側面を使ってミルクを軽く跳ねさせて泡を吸収し、再びミルクが渦になるように揺らします。

11 渦を巻くようにしてミルクと泡を混ぜることで、カップに注げるくらいのちょうど良く混ざった状態ができれば、スプーンを使って泡を取る必要はありません。いくらか練習を積めば、ラテアートも描けるようになります。

アドバイス

どの段階でも、必死になってピッチャーを動かす必要はありません。スチームの圧力と向きですべて調節します。そのために、位置を安定させ、スチームノズルとピッチャーの角度が動き過ぎないようにしましょう。

植物性ミルク

動物由来のミルクを避けたい人のために、現在では多種多様な植物性ミルクが売られています。その多くは、ミキサーとこし布があれば手作りも簡単です。

最も有名で、栄養価が牛乳とよく似ているものといえば、大豆から作られる豆乳でしょう。今ではアーモンドや

オート麦のミルクもポピュラーになりましたし、その他にもさまざま植物性ミルクが、食卓のミルクの座を争っています。

原材料とアレルゲン情報を確認

自分に合うミルクや、朝のカプチーノに適したミルクを探すときは、風味や口あたり以外にも目を向けましょう。パッケージの原材料情報と栄養成分は要チェックです。ビタミンやミネラル（カルシウムなど）が強化されただけの商品も多いですが、加糖されていることもあるので、気になる場合は無糖を選びましょう。避けたい成分を知らず知らずのうちに摂取してしまうのを防ぐには、脂質やナトリウムの含有量、乳化剤や安定剤の添加の有無もチェックしてください。

代替ミルクの一般的な材料は、穀物、ナッツ、種、豆ですが、名前に惑わされないよう、必ずアレルゲン情報を確認しましょう。ナッツアレルギーはよく知られていますが、種や豆もアレルギー反応を引き起こすことがあります。また、商品名から受ける印象と実際の主成分が食い違っている場合もあるので、注意が必要です。そのミルクが本

当に名前のとおりにナッツ、種、豆から作られているのか、紛らわしい名前が付いているだけなのかは、必ずしも明確ではありません。たとえばピーナッツは豆ですし、アーモンドは果実の種、ブラジルナッツも果実の種です。

表記上は安全でも、工場での加工工程で他の材料が混入している可能性があります。たとえばオート麦はグルテンフリーですが、小麦を扱う工場で加工されることが多く、小麦は少量でもセリアック病の反応を引き起こすことがあります。

豆乳、アーモンドミルク、オーツミルクといった多くの植物性ミルクは、ラテやカプチーノ用のフォームミルクを作るのにも適していますが、なかには味は良くとも泡立たないミルクもあります。また、一部の植物性ミルクは熱に弱いので、加熱時に凝固してしまう場合は牛乳よりも低めの温度に温めるようにしてください。

手作りに挑戦

以下のリストから好みの材料を選んで手作りしてみましょう。

・大豆・オート麦・アーモンド・白米／玄米・ココナッツ・えんどう豆・ヘンプシード・マカダミアナッツ・ピーナッツ・栗・カシューナッツ・タイガーナッツ・ヘーゼルナッツ・フラックスシード・クルミ・キヌア・ピスタチオ・ブラジルナッツ・パンプキンシード・胡麻・ひまわりの種・ピーカンナッツ・スペルト小麦

手作りなら、余計なものを入れずにすみ、甘味料や香料を加えるかどうかも自分で選べます。甘さを足す場合はアガベシロップ、ココナッツシュガー、ハチミツ、メープ

ルシロップ、デーツなどがおすすめです。塩をひとつまみ入れれば苦味を抑えられます。また、生姜、ターメリック、シナモン、バニラ、ココアパウダーなどで風味を付ければ、味に深みが出ます。

ほとんどの植物性ミルクは、水を使ってピューレにし、こすことで作れます。材料を柔らかくするために下準備として浸水が必要ですが、これにより、消化を妨げる酵素や酸を抜くことができます。浸水で剥がれた皮は取り除きましょう。苦味や土臭さを防げます。作る過程で出た残りかすも捨てる必要はありません。水分を飛ばすか凍らせてから、料理に使いましょう。

カシューミルク

生のカシューナッツ（無塩）…140g
水（浸水用）…750ml
水（ミキサー用）…1L

1. カシューナッツを水に3時間浸します。
2. 水を切り、浸水に使った水を捨てます。
3. ミキサーにカシューナッツと新鮮な水1Lを入れ、ほぼなめらかになるまで撹拌します。
4. こし布（またはこし器）を使ってこし、水分が出なくなるまで絞ります。
5. 瓶に移して冷蔵庫で保存します。4日を目安に飲みきってください。

ココナッツミルク

水…1L
ココナッツフレーク（無糖）…175g

1. 水を約95℃に熱します。ミキサーに熱湯とココナッツフレークを入れ、なめらかになるまで撹拌します。
2. こし布（またはこし器）を使ってこし、水分が出なくなるまで絞ります。
3. 瓶に移して冷蔵庫で保存します。4日を目安に飲みきってください。

ナッツミルク

無塩タイプのアーモンド、ヘーゼルナッツ、マカダミアナッツ、ピーカンナッツ、クルミ、ブラジルナッツのいずれか…140g
水（浸水用）…750ml
水（ミキサー用）…1L

1. ナッツを水に12時間浸します。水を切り、浸水に使った水を捨てます。
2. お好みで、剥がれた皮を捨てます。ミキサーにナッツと新鮮な水1Lを入れ、なめらかになるまで撹拌します。
3. こし布（またはこし器）を使ってこし、水分が出なくなるまで絞ります。
4. 瓶に移して冷蔵庫で保存します。4日を目安に飲みきってください。

ライスミルク

水…1L
炊いた白米（または玄米）…200g

1. ミキサーに白米と水を入れ、なめらかになるまで撹拌します。
2. こし布（またはこし器）を使ってこし、水分が出なくなるまで絞ります。
3. 瓶に移して冷蔵庫で保存します。4日を目安に飲みきってください。

サンフラワーシードミルク

生のひまわりの種（無塩）…140g
水（浸水用）…750ml
お好みでシナモンパウダー…小さじ1/4
水（ミキサー用）…1L

1. ひまわりの種を水に12時間浸します。水を切り、浸水に使った水を捨てます。
2. ミキサーにひまわりの種と新鮮な水1Lを入れ、お好みでシナモンパウダーを加え、なめらかになるまで撹拌します。
3. こし布（またはこし器）を使ってこし、水分が出なくなるまで絞ります。
4. 瓶に移して冷蔵庫で保存します。4日を目安に飲みきってください。

キヌアミルク

炊いたキヌア…200g
水…750ml
お好みでココナッツシュガー…小さじ1

1. ミキサーにキヌアと水を入れ、なめらかになるまで撹拌します。
2. こし布（またはこし器）を使ってこし、水分が出なくなるまで絞ります。ココナッツシュガーを加える場合は、ここで加えて再度ミキサーにかけます。
3. 瓶に移して冷蔵庫で保存します。4日を目安に飲みきってください。

こし器でもOK

こし器を使った場合は固形分が多少混ざりますが、少し置いておけば底に沈殿します。

ヘンプミルク

水…1L
皮をむいたヘンプシード…85g
お好みでデーツ…3粒
お好みで塩…ひとつまみ

1. ミキサーにヘンプシードと水を入れ、なめらかになるまで撹拌します。甘み付けのデーツや塩を加える場合は、このとき一緒にミキサーにかけます。
2. こし布（またはこし器）を使ってこし、水分が出なくなるまで絞ります。
3. 瓶に移して冷蔵庫で保存します。4日を目安に飲みきってください。

豆乳

白大豆…100g
水（浸水用）…750ml
水（ミキサー用）…1L
お好みでバニラビーンズ…2cm

1. 大豆を水に12時間浸します。
2. 水を切り、浸水に使った水を捨てます。大豆を洗い、皮をむきます。
3. ミキサーに大豆と新鮮な水1Lを入れ、なめらかになるまで撹拌します。
4. こし布（またはこし器）を使ってこし、水分が出なくなるまで絞ります。
5. 鍋に移し、お好みでバニラビーンズを加えて火にかけます。沸騰したら、混ぜながら20分煮ます。
6. 粗熱が取れたら瓶に移して冷蔵庫で保存します。4日を目安に飲みきってください。

ラテアート

ラテアートに使うミルクは、滑らかで、密度の高い泡がなければなりません。見た目の美しさもお忘れなく。ラテアートは練習が必要ですが、いったんマスターしてしまえば、コーヒーを華やかに仕上げられるようになります。多くのデザインは基本的なハートがベースになっているので、まずはハートから始めます。その後は気分にまかせて、いろいろと挑戦してみましょう。

ハート

泡の層に比較的厚みがあるとやりやすいので、カプチーノで試すのがおすすめです。

1 カップの約5cm上から、クレマの中央にスチームミルクを注ぎ始めます。クレマが上昇し、「キャンバス」が広がります。

2 カップの半分くらいまできたら、注ぐ量と位置（クレマの中央）は変えずに、ピッチャーをカップにすばやく近づけます。ミルクのフォームが円形に広がり始めます。

3 カップがほぼ一杯になったら、再びピッチャーを上げ、円の中央を縦断するように注ぎます。ミルクの流れで丸をハート型に引っ張るようにします。

プロのように注ぐ

注ぐ位置が高すぎるとクレマが持ち上がってしまい、液面のミルクの面積がほとんどなくなってしまいます。反対に、ミルクを注ぐときにピッチャーをカップに近づけすぎると、クレマがフォームの下に埋もれてしまいます。また注ぐのがゆっくりすぎても、絵柄を作るのに必要な動きがでません。速すぎると、あっという間にクレマとミルクが混ざってしまいます。注ぐ高さとスピードの理想的なバランスがつかめるまでは、500mlのピッチャーと大きめのカップを使って注ぐ練習をしましょう。

ロゼッタ (リーフ)

カフェラテやフラットホワイトでよく見る柄です。薄めの泡との相性が良いデザインです。

1 ハートの手順1 (前ページを参照) と同じように注ぎ始めます。カップの半分くらいまできたら、ピッチャーをカップにすばやく近づけ、振り子のように左右にゆっくり揺らし始めます。

2 ミルクの流れがジグザグ模様を描くように注ぎます。カップがほぼ一杯になったら、ジグザグが徐々に小さくなるように、ピッチャーを後ろに引きながら注ぎます。

3 ジグザグを作り終えたら、その中心をまっすぐ縦断するように注いで仕上げます。このとき、ピッチャーは少し高く持ちます。

注ぎ始めるそのときまで、ミルクの渦を止めないようにピッチャーを回し、泡とミルクが分離しないようにしましょう。

アドバイス

ハート、ロゼッタ、チューリップのように注ぎ方を工夫して作る「フリーポア」という手法のほかに、「エッチング」も楽しいです。これは、細いピックを使って「チェイシングハーツ」（写真右上）のようなデザインを泡に描く手法です。

チューリップ

チューリップはハート（P.58を参照）の発展形。「ストップ＆ゴー」で作ります。

1 まずはハートのときと同じように注ぎ始め、カップの中央にミルクで小さな丸を作ります。

2 一旦注ぐのをやめ、1つめの丸から1cm離れたところから再び注ぎ始めます。泡が出てきたと同時に、ピッチャーを慎重に手前に動かして1つめの丸を押し返し、1つめの丸を三日月状に変形させます。

3 作りたい数だけ「葉」ができるまで手順2を繰り返します。最後に、一番上に小さなハートを作り、すべての葉を突っ切って茎を作れば完成です。

高度なラテアート
基本のデザインを応用して作るラテアート。左上から時計回りに、
クアトロチューリップ、チェイシングハーツ、白鳥、ロゼッタハート。

デカフェ（カフェインレスコーヒー）

カフェインありとなしのコーヒーについては、健康面のメリットやリスクなどの間違った情報が氾濫しています。美味しいコーヒーが大好きで味わいも楽しみたいけれど、カフェインの摂取量は抑えたい—そんな場合はいくつかの選択肢があります。

カフェインは身体に悪い？

プリンアルカロイドの1種であるカフェインは、無臭でわずかに苦味成分を含み、単体では非常に毒性の強い白色の粉末です。抽出液由来の自然のカフェインは一般的な刺激成分で、消化されると即座に中枢神経系に作用し、そしてすぐに人体から消えます。カフェインからは代謝の向上や疲労感の軽減が期待できる反面、緊張が高まる場合もあります。ただ、こうした効果には個人差があります。また、性別、体重、遺伝的な特徴、病歴によっては、強壮剤としてプラスに作用したり、一定の不快感を覚えたりするので、自覚症状や健康への影響を頭に入れておくことが大切です。

普通の豆との違い

カフェインを除去（デカフェ）した生豆は深緑色か茶色。焙煎後もこの濃い色合いは残りますが、目立たなくなります。細胞構造が弱っているので、浅煎りでも表面に油の光沢が見られることも。また、表面がより滑らかに、色がより均一になることもあります。

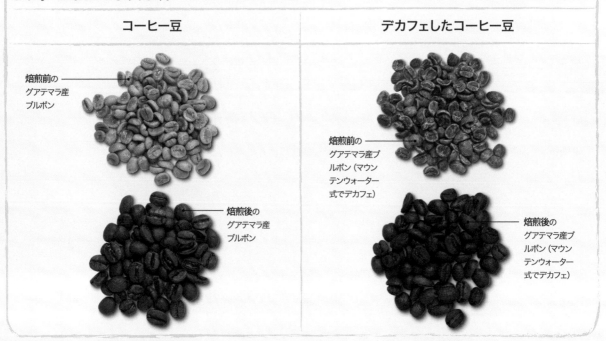

コーヒー豆	デカフェしたコーヒー豆

焙煎前の
グアテマラ産
ブルボン

焙煎後の
グアテマラ産
ブルボン

焙煎前の
グアテマラ産ブ
ルボン（マウン
テンウォーター
式でデカフェ）

焙煎後の
グアテマラ産ブ
ルボン（マウン
テンウォーター
式でデカフェ）

デカフェの真実

　デカフェはどのショップやカフェでも簡単に手に入ります。一般的なカフェイン除去率は90〜99%。これは紅茶一杯あたりのカフェイン含有量よりもずっと低く、ホットチョコレートと同程度です。

　残念ながら、デカフェには古い生豆や低品質の生豆が使用され、エグミを隠すために深煎りされる傾向にあります。新鮮で良質な生豆をデカフェして上手く焙煎しているショップなら、味わいは損なわれていません。普通の豆との違いも気づきにくく、遜色ない味わいを楽しめるでしょう。

デカフェの科学

　溶媒や自然の化学反応に頼る方法など、さまざまな方式があります。どの方式が使われているか、豆のラベルで確認しましょう。

溶媒プロセス

蒸気で熱するか熱湯に浸して豆の細胞構造を開きます。その後、酢酸エチルと塩化メチレンを用いて、カフェインを豆から直接抽出するか豆を浸している水から抽出します。カフェインを選択的に抽出できないため、豆の良い部分が除去されてしまうことも。また細胞構造が傷つくので、保存や焙煎がむずかしくなります。

スイスウォータープロセス

豆を水に浸して細胞構造を開きます。水を使って生豆を抽出する（水を生豆の化合物で飽和させる）ことでカフェインを洗い出します。その後、抽出液をカーボンフィルターで濾過してカフェインを除去。この液を再利用して、豆のカフェイン含有量が十分に下がるまで抽出を繰り返します。ケミカルフリーで豆にも優しく、本来の味わいがほぼそのまま残ります。

　同様の手法であるマウンテンウォーター式は、メキシコでオリサバ山からの水を使って行う点が異なります。

CO_2プロセス

低温高圧下で二酸化炭素の液体を使用し、豆の細胞からカフェインを抽出します。味わいの素となる化合物がほぼ豆の中に残ります。二酸化炭素からカフェインを濾過または蒸発させ、その液体を再利用してカフェインの抽出を繰り返します。豆本来の味わいが残り、ケミカルフリーで豆にも優しく、オーガニックな手法とされています。

**CO_2プロセスで
デカフェした豆**
滑らかでツヤのある
深緑色に仕上がります。

世界各地のコーヒーたち

コーヒーの産地は、北回帰線と南回帰線の間にほぼ収まりますが、

ネパールやオーストラリアなど、注目に値するいくつかの例外もあります。

コーヒーの木が生育することが可能で、かつ実際に栽培されている国と地域は

合わせて100ほどに上るものの、重要な輸出国として認識されているのは約60か国です。

おおまかに2つの種しか栽培されず、単一栽培が主流ですが、

世界各地のコーヒーの風味は驚くほど多彩。また、歴史も非常に豊かです。

大きな困難とチャンスに同時に直面しているコーヒーは、

人間社会の平等促進と、よりよい地球環境の実現に向けて

欠かせない役割を果たし得る存在です。

日常に当たり前に存在するものとして、普段はその価値を軽く見ているかもしれません。

しかし、コーヒーのように世界中の人と人とをつなぐことができる飲み物は、きわめて貴重なのです。

世界各地のコーヒーたち
アフリカ

P.68~141の地図上のコーヒー豆のアイコンは、主な生産地区を示します。
緑色の部分は、より広い生産地域を示しており、行政区画内の地域または
気候で区別できるおおよその地域を表しています。

エチオピア

エチオピア原産の種や品種が複雑に入り混じり、ユニークな味わいを演出する可能性を秘めた地域。フローラル系、ハーブ系、柑橘系など、ほかとは一線を画すエレガントな風味が有名です。

アフリカ

エチオピアはしばしばアラビカ誕生の地と呼ばれますが、最近の研究では南スーダンもその称号を冠するにふさわしいかもしれないことがわかってきました。エチオピアでは「農園」の形態は少なく、ガーデン、フォレスト、セミフォレスト、プランテーションと呼ばれます。収穫から輸出までコーヒーの生産に携わる人々は約1500万人に上ります。コーヒーの木は野生に繁殖しており、生産者の大半が非常に小規模な自給的農家で、年に数か月の間しか売りません。

コーヒーの種や品種がこれほど多様な地域は、エチオピアを除いてほかになく、その多くは具体的な品種がわかっていません。ティカやゲイシャなどエアルーム系の品種が混在して栽培されているため、豆のサイズや形が一定でないことも多いです。

近年では、気候変動の影響によってコーヒーの木のさまざまな野生種が絶滅し、コーヒーの生存の鍵を握っているかもしれない遺伝子が失われています。エチオピアで繁殖しているエアルーム系の品種の遺伝子構造は実に多彩なことから、世界のコーヒーの未来を守る重要な鍵となるでしょう。

エチオピアのコーヒーの基本データ

世界の生産量に占める割合：**4.5%**

収穫期：**10月～12月**

生産処理：**ウォッシュト、ナチュラル**

主な種と品種：**アラビカ種** SL 原産のエアルーム系品種

世界の生産量ランキング：**世界第5位**

未熟のコーヒーチェリー
熟してくると（P.16～18を参照）、
週に1～3回収穫されます。

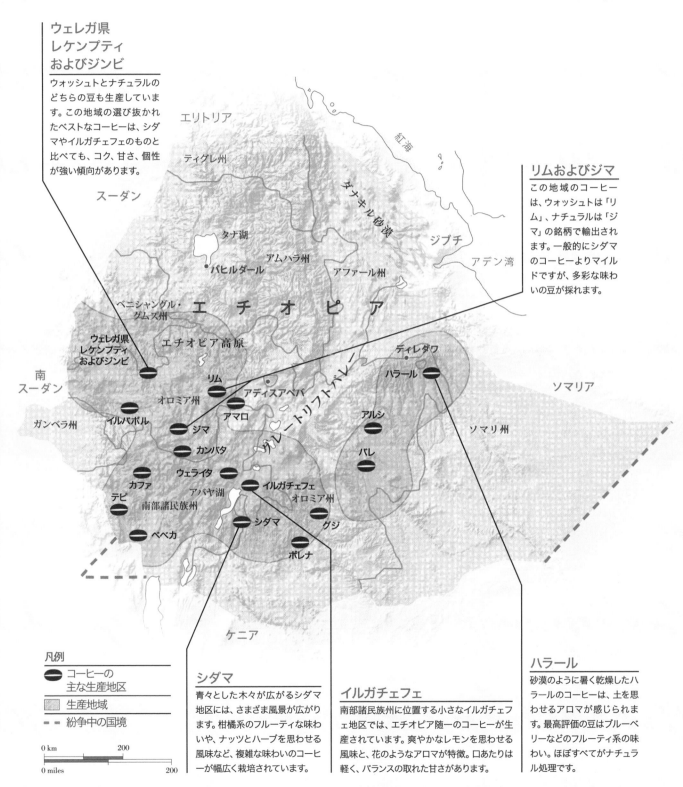

ウェレガ県 レケンプティ およびジンビ

ウォッシュトとナチュラルのどちらの豆も生産しています。この地域の選び抜かれたベストなコーヒーは、シダマやイルガチェフェのものと比べても、コク、甘さ、個性が強い傾向があります。

リムおよびジマ

この地域のコーヒーは、ウォッシュトは「リム」、ナチュラルは「ジマ」の銘柄で輸出されます。一般的にシダマのコーヒーよりマイルドですが、多彩な味わいの豆が採れます。

シダマ

青々とした木々が広がるシダマ地区には、さまざま風景が広がります。柑橘系のフルーティな味わいや、ナッツとハーブを思わせる風味など、複雑な味わいのコーヒーが幅広く栽培されています。

イルガチェフェ

南部諸民族州に位置する小さなイルガチェフェ地区では、エチオピア随一のコーヒーが生産されています。爽やかなレモンを思わせる風味と、花のようなアロマが特徴。口あたりは軽く、バランスの取れた甘さがあります。

ハラール

砂漠のように暑く乾燥したハラールのコーヒーは、土を思わせるアロマが感じられます。最高評価の豆はブルーベリーなどのフルーティ系の味わい。ほぼすべてがナチュラル処理です。

凡例

- ● コーヒーの主な生産地区
- 生産地域
- ‐‐ 紛争中の国境

0 km　200
0 miles　200

ケニア

世界のコーヒーの中でも、ケニア産はアロマの強さと爽やかな酸味が際立っています。産地によって味わいは微妙に異なりますが、ほとんどのコーヒーには、ベリー系などフルーツの複雑な独特の風味、柑橘系の酸味、ジューシーでリッチな口あたりがあります。

アフリカ

15ha以上の敷地面積を持つ農園は、ケニアにはわずか330しかありません。全体の約半数の農園は数haの小規模農園。この小規模農園が集まって「ファクトリー」を作り、そのファクトリーが協同組合に属す形を取っています。各ファクトリーには、数百の生産者や、ときには数千の生産者からコーヒーチェリーが持ち込まれます。

ケニアで栽培されているのはアラビカ種のSL、K7、ルイル11などの品種。ほとんどがウォッシュトで生産処理されて輸出されます（P.20～21を参照）。数少ないナチュラル処理の豆は通常、ケニア国内で消費されます。豆の大半は、週1回開催の競りを通じて売買。ここでは、輸出業者が前週にカッピングしたサンプルに対して入札します。

この競りを行っても、コモディティ市場の相場の揺れから逃れることはできません。それでも、品質が特に優れたコーヒーは競りの入札価格によって報われるので、生産者にとっては栽培方法や品質向上に努めるモチベーションになります。

野生種の研究

ケニアのマルサビットの森林では、コーヒーの野生種が確認されており、大量のアラビカ種の木のほか、8つのアカネ科の種についても調査が進められています。

ケニアのコーヒーの基本データ

世界の生産量に占める割合：**0.52%**

収穫期：**メインクロップ 10月～12月**

少量のフライクロップ 4月～6月

生産処理：**ウォッシュト、ナチュラル**（一部）

主な種と品種：**アラビカ種** SL28、SL34、K7、ルイル11、バティアン

世界の生産量ランキング：**世界第18位**

特徴的な赤土
アルミ分や鉄分が豊富な赤土は、独特の味わいを生み出す要因の1つです。

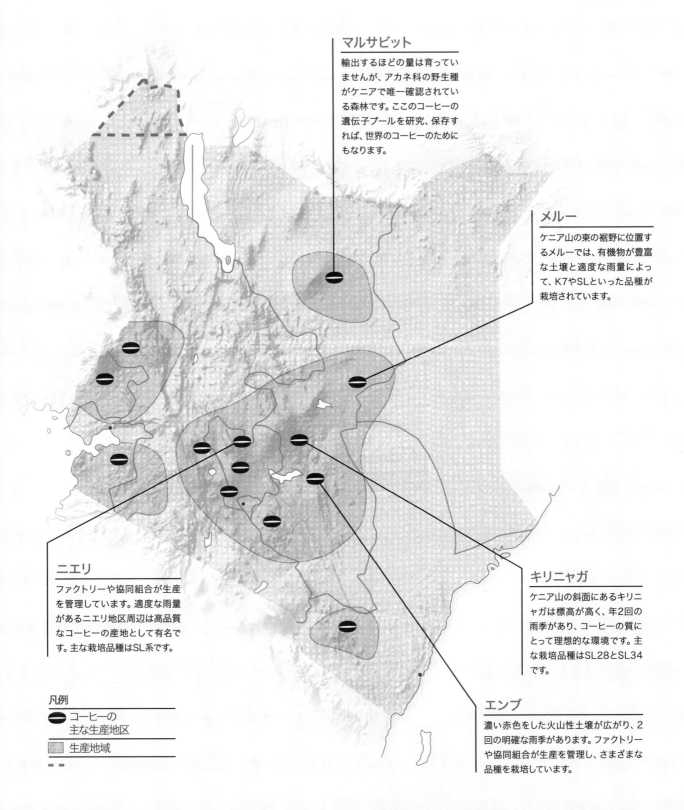

マルサビット

輸出するほどの量は育っていませんが、アカネ科の野生種がケニアで唯一確認されている森林です。ここのコーヒーの遺伝子プールを研究、保存すれば、世界のコーヒーのためにもなります。

メルー

ケニア山の東の裾野に位置するメルーでは、有機物が豊富な土壌と適度な雨量によって、K7やSLといった品種が栽培されています。

ニエリ

ファクトリーや協同組合が生産を管理しています。適度な雨量があるニエリ地区周辺は高品質なコーヒーの産地として有名です。主な栽培品種はSL系です。

キリニャガ

ケニア山の斜面にあるキリニャガは標高が高く、年2回の雨季があり、コーヒーの質にとって理想的な環境です。主な栽培品種はSL28とSL34です。

エンブ

濃い赤色をした火山性土壌が広がり、2回の明確な雨季があります。ファクトリーや協同組合が生産を管理し、さまざまな品種を栽培しています。

凡例

- コーヒーの主な生産地区
- 生産地域
- - -

タンザニア

タンザニアのコーヒーは2つの味わいに分けられます。1つはビクトリア湖近くのヘビーなボディと甘みが特徴のロブスタ種とアラビカ種で、生産処理はナチュラル。もう1つはその他の地域のウォッシュト処理のアラビカ種で、柑橘系とベリー系の味わいが楽しめます。

アフリカ

タンザニアには、1898年にカトリックの宣教団によってコーヒーがもたらされました。今日では一部でロブスタ種も栽培されていますが、生産量の大部分はアラビカ種です。品種は、ブルボン、ケント、ニアサ、そしてあのブルーマウンテンです。生産量は大きく変動しやすく、2014年度は75万3,000袋でしたが、2018年度は117万5,000袋に達しました。タンザニアの輸出収入の約20％をコーヒーが占めます。コーヒーの木1本当たりの収穫量が乏しいだけでなく、価格の下落や、トレーニングと機材の不足も大きな問題になっています。

ほぼすべてのコーヒーが家族経営の小規模農園で栽培されています。約45万の家族がコーヒー栽培に携わり、産業全体での雇用は250万人に上ります。

ほかの一部のアフリカ諸国と同様に、コーヒーは競りを通じて売買されますが、輸出業者から買い付けたいバイヤーには直接取引という選択肢もあります。この選択肢により、良質なコーヒーには高値が付くため、サステイナブルな生産サイクルが長期にわたって維持される仕組みになっています。

タンザニアのコーヒーの基本データ

世界の生産量に占める割合：**0.56％**
収穫期：**ロブスタ種 4月～12月**
　　　　アラビカ種 7月～2月
生産処理：アラビカ種 **ウォッシュト**
　　　　　ロブスタ種 **ナチュラル**
主な種と品種：**アラビカ種70％** ブルボン、ケント、ニアサ、ブルーマウンテン
　　　　　　　ロブスタ種30％
世界の生産量ランキング：**世界第16位**

熟し始めたコーヒーチェー
チェリーの熟すスピードはまちまちです。熟した実だけを収穫するため、同じ木に複数回足を運びます。

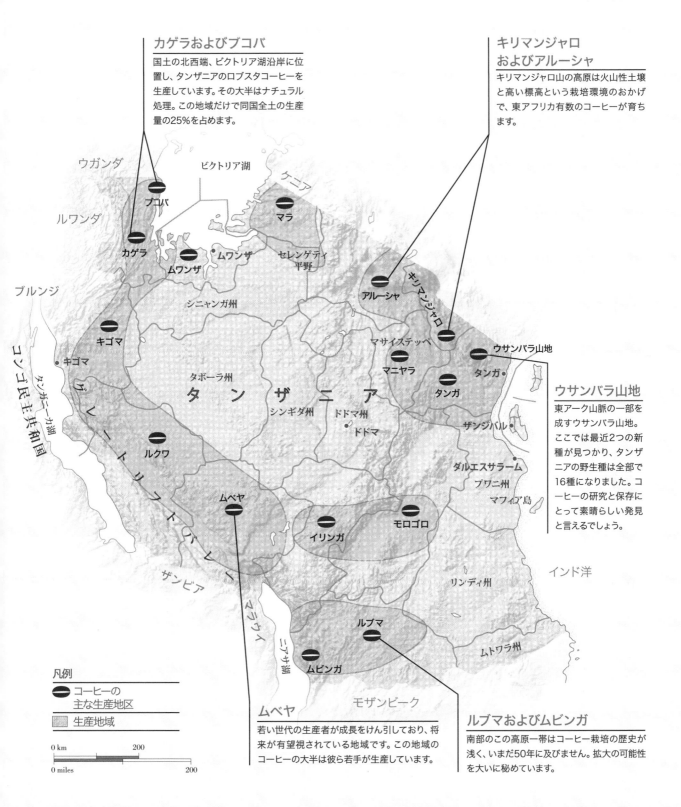

カゲラおよびブコバ

国土の北西端、ビクトリア湖沿岸に位置し、タンザニアのロブスタコーヒーを生産しています。その大半はナチュラル処理。この地域だけで同国全土の生産量の25%を占めます。

キリマンジャロおよびアルーシャ

キリマンジャロ山の高原は火山性土壌と高い標高という栽培環境のおかげで、東アフリカ有数のコーヒーが育ちます。

ウガンダ

ビクトリア湖

ケニア

ルワンダ

ブコバ

マラ

カゲラ

ムワンザ

セレンゲティ平野

ブルンジ

シニャンガ州

アルーシャ

キリマンジャロ

キゴマ

キゴマ

タボーラ州

マサイステッペ

ウサンバラ山地

タンザニア

マニヤラ

タンガ

コンゴ民主共和国

タンガニーカ湖

グレートリフトバレー

シンギダ州

ドドマ州

ドドマ

ザンジバル

ウサンバラ山地

東アーク山脈の一部を成すウサンバラ山地。ここでは最近2つの新種が見つかり、タンザニアの野生種は全部で16種になりました。コーヒーの研究と保存にとって素晴らしい発見と言えるでしょう。

ルクワ

ダルエスサラーム

プワニ州

マフィア島

ザンビア

ムベヤ

モロゴロ

イリンガ

インド洋

リンディ州

ニアサ湖

マラウイ

ルブマ

ムビンガ

ムトワラ州

凡例

コーヒーの主な生産地区

生産地域

0 km　　　200

0 miles　　　200

ムベヤ

若い世代の生産者が成長をけん引しており、将来が有望視されている地域です。この地域のコーヒーの大半は彼ら若手が生産しています。

モザンビーク

ルブマおよびムビンガ

南部のこの高原一帯はコーヒー栽培の歴史が浅く、いまだ50年に及びません。拡大の可能性を大いに秘めています。

ルワンダ

ルワンダのコーヒーのソフトさ、甘さ、花のような香りは、東アフリカの中でもトップクラス。絶妙にバランスが取れた味わいで、世界中のコーヒーマニアの間で急速にファンを増やしつつあります。

　ルワンダに初めてコーヒーが植樹されたのは1904年のこと。その後1917年に輸出が開始されました。標高が高く、降雨も一定であることから、品質のポテンシャルは極めて高いと言えます。

　ルワンダの輸出収入の50％はコーヒーによるものです。そのため、近年では政府が社会経済的な状況を改善するにあたり、コーヒーがその原動力となっています。ウォッシングステーションの数が全国で爆発的に増え、50万人もの小規模生産者が資源を入手したり、トレーニングを受けたりすることが容易になりました。

　ルワンダのコーヒー産業を悩ませる問題の1つに「ポテトフレーバー」があります。これは、バクテリアによって一部の豆が生のジャガイモのような香りと味になってしまう現象です。それでも、古くからのブルボン品種の木が大半を占め、高い標高と豊かな土壌が備わっていることから、ルワンダの豆は市場の最良品の1つであることに変わりはありません。

北部州

北部州の南方で採れるコーヒーには、柑橘系、ストーンフルーツ系、カラメルの風味があります。バランスが良く甘さのあるコーヒーです。

西部州

キブ湖沿岸のこの地域にあるウォッシングステーションは、ルワンダで最も有名なステーションに数えられます。複雑な味わいと花のようなアロマ、エレガントでジューシーな口あたりが特徴の、最高品質のコーヒーを安定して生み出しています。

コンゴ民主共和国

ウガンダ

ビルンガ山地

ムサンゼ

ブレラ

ルバブ

ニャビフ

ガケンケ

ルリンド

ギセニ

北部州

ル　ワ　ン　ダ

ンゴロレロ

ルチロ

ムハンガ

カモニ

キ　ブ　湖

ギタラマ

中央高原

カロンギ

南部州

ルハンゴ

ニャンザ

ニャマシェケ

ニャマガベ

チャンググ

ルシジ

フイエ

ブタレ

キブ

ギサガラ

ニャルグル

ブルンジ

ニャガタレ

ウガンダ

ガツィボ

東部平野

ギクンビ

カヨンザ

イヘマ湖

東部州

ガサボ

カブガ

キチュキロ

チャンブウェ湖

ルワマガ

ンゴマ

ブゲサラ

キヘレ

ルウェル湖

ルワンダのコーヒーの基本データ

世界の生産量に占める割合：**0.16%**

収穫期：**アラビカ種 3月〜8月**

ロブスタ種 5月〜6月

生産処理：**ウォッシュト、ナチュラル**（一部）

主な種と品種：**アラビカ種99%**ブルボン、カトゥーラ、カトゥアイ

ロブスタ種1%

世界の生産量ランキング：**世界第29位**

**未熟のアラビカ種の
コーヒーチェリー**
ルワンダでは、熟したチェリーを1つ
1つ手で摘み取ります。

南部州
南部州の高地で生産され
るコーヒーは、花や柑橘
系のクラシックな味わい
と、クリーミーで繊細な口
あたり。細かな味わいと甘
味が楽しめます。

東部州
ルワンダ南東部は、ウォッシング
ステーションや農園の数が少な
いながら、チョコレートやベリー
系の豊かな風味のコーヒーで徐
々に評判を得ています。

凡例

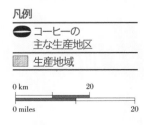 コーヒーの
主な生産地区

生産地域

0 km ———— 20

0 miles ———— 20

コートジボワール

コートジボワールの最高等級の豆には、ダークチョコレート、ナッツ、タバコの重層的な味わいがあります。生産量の大半がロブスタ種です。

フランスから独立した1960年、新大統領は、よりマイルドで、甘みが強く、かつ苦味の少ないコーヒーの開発を目指しました。ロブスタ種とアラビカ種の交配種の研究は、味のよい新たな品種、アラブスタ（別名「プレジデンシャルコーヒー」）として結実します。

しかし従来よりも成熟が遅く、生産性も低く、栽培に手間がかかることから産地は広がらず、現在は少数の小規模農園で栽培されているのみです。

かつてはブラジルとコロンビアに次ぐ世界第3位のコーヒー大国でした。現在もコーヒーは同国第2位の輸出量を誇りますが、総生産量ではブラジルなどに大きく離されています。生産量は2000年にピークに達した後、投資不足や2度の内戦の影響で大幅に減少。ただ、最近では農家育成事業が強化されています。ときに苦味が強い国内産は現地ではあまり好まれませんが、かろうじて生き延びているアラブスタなら、あるいは彼らの心をつかめるかもしれません。

コートジボワールのコーヒーの基本データ

世界の生産量に占める割合：**1.08%**
収穫期：**11月〜4月**
生産処理：**ナチュラル**
主な種と品種：**ロブスタ種 交配種アラブスタ**
世界の生産量ランキング：**世界第14位**

アフリカ

マン
交配種アラブスタ（「プレジデンシャルコーヒー」）は冷涼な高地でしかうまく育たないため、産地はモンターニュ地方のマン周辺に集中しています。

マリ

ブルキナファソ

デンゲレ地方
・オジェンネ
サヴァヌ地方
コロゴ・
・フェルケッセドゥグ

ギニア

ザンザン地方

ウォロバ地方
バンダマ渓谷地方
ボンドゥク・

コ ー ト ジ ボ ワ ー ル

ダナネ　・マン
コスー湖

ササンドラ・マラフュエ地方

ラック地方

ダロア
ヤムスクロ・自治区
ディンボクロ
アバングル

モンターニュ地方
ブヨ湖
ヤムスクロ
ボングアヌ
ガーナ

ガニョア
アボヴィル

スーブレ
ディヴォ
ラギューヌ地方

ゴ・ジボア地方
アビジャン
アビジャン・
アボワソ

リベリア

低ササンドラ地方
サンドラ

サンペドロ
ササンドラ
大西洋

**ロブスタ
コーヒーベルト**
南部にはロブスタコーヒーベルトが広がっています。東はアバングル、西はダナネ、南は海岸線に至るまで、広範囲でロブスタ種が栽培されています。

凡例
⬛ コーヒーの主な生産地区
▨ 生産地域

0 km　　100
0 miles　　100

コンゴ民主共和国

コーヒー産業の再建が進むコンゴ民主共和国。この国では世界でも指折りの上質なコーヒーが生産されています。リッチな味わいと重厚なボディが特徴で、ベリー、スパイス、チョコレートの風味が感じられ、近隣の有名な産地の豆にも匹敵します。

アフリカ

コンゴ民主共和国最初の大規模なプランテーションはベルギー人植民者によって作られました。その後、一度は産業として栄えたものの、1990年代初頭から生産量が急落してしまいました。

しかし2012年には、コーヒーの生産量を1980年代の水準に戻すべく、産業再建プログラムがスタート。これは国内各地の産地に注力したもので、共通の目標のもとで政府、NGO、民間セクターが一致団結し、上々の結果を出しています。

コーヒー産業の新時代の幕開けを見据えるコンゴ民主共和国において、コーヒーは現在、長年の搾取と暴力が残した傷を癒すための手段と目されています。

北部の州

北部の州（低ウエレ州、高ウエレ州、チョポ州）では、ロブスタ種を増産する計画があります。

中央アフリカ共和国　南スーダン

南ウバンギ州　高ウエレ州
北ウバンギ州　低ウエレ州
モンガラ州　イツリ州
赤道州　チョポ州　ウガンダ
コンゴ共和国　ムバンダカ　キサンガニ
チュアパ州　北キブ州
コ　ン　ゴ　ルワンダ
民　主　共　和　国　ブカヴ
マイ゠ンドンベ州　ブルンジ
キンシャサ　サンクル州　マニエマ州　南キブ州
イレボ　タンザニア
キクウィット　カサイ州
クウィル州　東カサイ州　タンガニーカ湖
大西洋　中央コンゴ州　カナンガ　ロマミ州　カレミエ
マタディ　中央　ムブジマイ　タンガニーカ州
クワンゴ州　カサイ州
上ロマミ州
アンゴラ　カミナ　上
カタンガ州
ルアラバ州　リカシ
ルブンバシ
ザンビア

西部の州

西部の州（クウィル州、クワンゴ州、マイ゠ンドンベ州）では、アラビカ種のさらなる植樹が奨励されています。

南キブ州

南キブ州にはアラビカ種の農園が多く残っていますが、木の高齢化が進んでいます。

凡例
● コーヒーの主な生産地区
▨ 生産地域

0 km　400
0 miles　400

コンゴ民主共和国のコーヒーの基本データ

世界の生産量に占める割合：**0.22%**
収穫期：**10月〜5月**
生産処理：**ウォッシュト、ナチュラル**
主な種と品種：**ロブスタ種**
　　　　　　　アラビカ種 ブルボン
世界の生産量ランキング：**世界第27位**

ブルンジ

ソフトな口あたりと花のような香り、そして甘い柑橘系のような味わいを持つコーヒーや、チョコレート系、ナッツ系のコーヒーなどを生み出しています。味の特徴の違う生産地域がたくさんあるわけではありませんが、その多彩な個性を持つコーヒーはスペシャルティコーヒー界の関心を集めています。

アフリカ

　ブルンジでコーヒーの栽培が始まったのは、1930年代に入ってから。良質なコーヒーが専門家の目に留まるまでには年月を要しました。政治環境が安定せず、気候も難しい、さらには内陸の国とあって、品質を落とさずに買い手に届けることは簡単ではありません。

　一部の限られた地域ではロブスタ種も栽培されていますが、生産量のほとんどは、ウォッシュトのブルボン、ジャクソン、ミビリジといったアラビカ種の品種です。化学肥料や殺虫剤を購入する資金がないため、多くの農園が有機栽培です。小規模農園の数は約60万。各農園では200〜300本のコーヒーの木を栽培し、ほかの食物や家畜も育てているのが普通です。生産者はウォッシングステーションに豆を持ち込みます。各ステーションはソジェスタルと呼ばれる管理会社に所属し、ソジェスタルが輸送や販売面を管理します。

「ポテトフレーバー」（P.74を参照）の影響もありますが、国内の研究によって問題を抑えることを目指しています。

地域の取り組み

ブルンジの山地に点在するウォッシングステーションは全部で160か所以上。ここで専用のタンクを使ってコーヒーを水洗しています（P.21を参照）。

ブルンジのコーヒーの基本データ

世界の生産量に占める割合：**0.14%**
収穫期：**2月〜6月**
生産処理：**ウォッシュト**
主な種と品種：**アラビカ種96%** ブルボン、ジャクソン、ミビリジ
　　　　　　　ロブスタ種4%
世界の生産量ランキング：**世界第30位**

ブルボンのコーヒーチェリー
ブルンジの生産量の大半はブルボン。
フランスの宣教団によってレユニオン島
からもたらされた品種です。

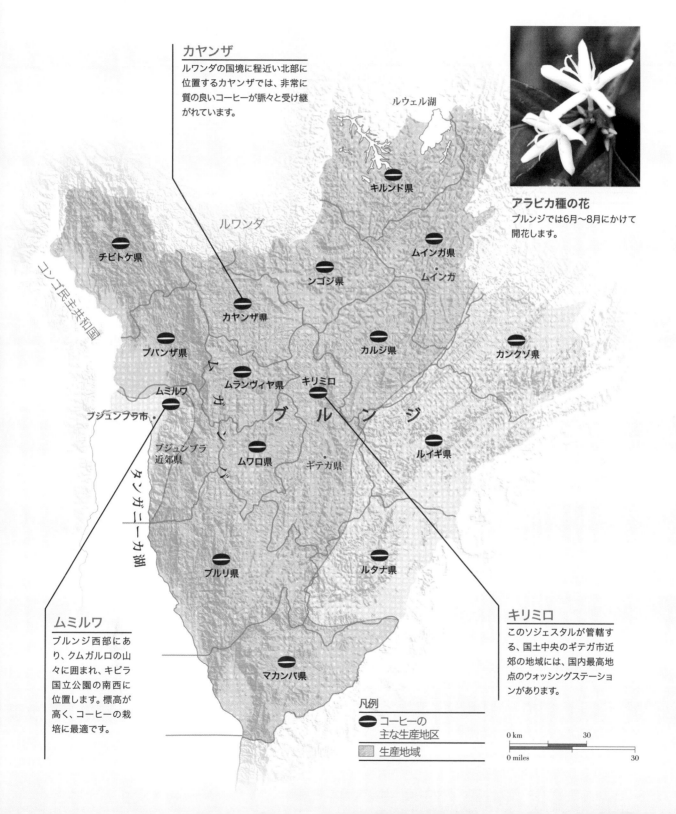

カヤンザ

ルワンダの国境に程近い北部に位置するカヤンザでは、非常に質の良いコーヒーが脈々と受け継がれています。

ルウェル湖

キルンド県

ルワンダ

チビトケ県

ムインガ県
・ムインガ

ンゴジ県

コンゴ民主共和国

カヤンザ県

ブバンザ県

カルジ県

カンクゾ県

ムランヴィヤ県

キリミロ

ムミルワ

ブジュンブラ市・

ブ　ル　ン　ジ

ブジュンブラ
近郊県

ムワロ県

ギテガ県

ルイギ県

タンガニーカ湖

ブルリ県

ルタナ県

マカンバ県

アラビカ種の花

ブルンジでは6月〜8月にかけて開花します。

ムミルワ

ブルンジ西部にあり、クムガルロの山々に囲まれ、キビラ国立公園の南西に位置します。標高が高く、コーヒーの栽培に最適です。

キリミロ

このソジェスタルが管轄する、国土中央のギテガ市近郊の地域には、国内最高地点のウォッシングステーションがあります。

凡例

● コーヒーの主な生産地区

生産地域

0 km　　　　30

0 miles　　　30

ウガンダ

ロブスタ種の原産地であり、一部地域ではいまだに野生種が繁殖しているウガンダ。ロブスタコーヒーの輸出量が世界第2位であることも頷けます。

　20世紀初頭に持ち込まれたアラビカ種は、現在はそのほとんどがエルゴン山の山麓で栽培されています。コーヒーで生計を立てている家族の数はおよそ300万。一部では、ティピカやSL系などの品種のアラビカ種も生産されています。

　アラビカ種とロブスタ種の両方で新しい生産や生産処理の方法が導入され、コーヒーの品質が向上しています。ロブスタ種は低地での栽培が一般的ですが、ここウガンダでは1,500mの高地で育てられています。また生産処理方法もナチュラルではなく、ウォッシュトが多いのも特徴です（P.20〜21を参照）。品質の向上に伴い、適切な生産手法による効果が出てきています。

ウガンダのコーヒーの基本データ

世界の生産量に占める割合：**2.7%**
収穫期：**アラビカ種 10月〜2月**
　　　　ロブスタ種 1年中（主に11月〜2月）
生産処理：**ウォッシュト、ナチュラル**
主な種と品種：**ロブスタ種80%**
　　　　　　　アラビカ種20% ティピカ、SL14、SL28、ケント
世界の生産量ランキング：**世界第8位**

アフリカ

ブギス

ブギスやエルゴン山の小規模農園は海抜1,600〜1,900mの高地に位置し、ウォッシュトのアラビカ種を生産。ヘビーな口あたりと、甘くチョコレートのような味わいが特徴です。

ウェストナイル

ナンゲヤ山地

北部

グル

北部地域　リラ

コンゴ民主共和国

ウ　ガ　ン　ダ

アルバート湖

キョーガ湖

ムバレ　ブギス

東部

西部地域

ケニア

中央地域および南西部

ムコノ　ジンジャ

カンパラ　ビクトリア湖盆地

カセセ

エドワード湖

マサカ

ビクトリア湖

ムバララ

タンザニア

西部地域

西部の万年雪を冠するルウェンゾリ山は、ナチュラルのウガンダ産アラビカ種、通称「ドルガー」の産地。フルーティな風味と良質な酸味で、ワインのような味わいです。

ビクトリア湖盆地

粘度の多いローム質土壌でよく育つロブスタ種にとって、ビクトリア湖盆地は最適な環境です。高地という要素もプラスに働き、酸味が増して複雑さが加わります。

凡例

 コーヒーの主な生産地区

生産地域

0 km　　　　　100
0 miles　　　　100

マラウイ

生産国の中でも最小の部類に入る
マラウイは、微細な味わいと花の
ような香りの東アフリカコーヒー
で注目を集めています。

コーヒーは1891年にイギリス人
によって移植されました。アラビカ
種の品種構成が独特で、ゲイシャと
カティモールが大半を占め、アガ
ロ、ムンド・ノーボ、ブルボン、ブル
ーマウンテンも一部で栽培されてい
ます。スペシャルティコーヒー産業
の活性化を狙って、ケニアのSL28
も植樹されています。

他のアフリカ諸国とは異なり、土
壌侵食の防止と保水対策として、多
くのコーヒーが斜面に階段状に作
られた農園で栽培されています。年
間生産量は平均2万袋で、国内消
費量はごくわずかです。約50万の
小規模生産者によって栽培されて
います。

アフリカ

ミスク山地

海抜1,700〜2,000mのミ
スク山地で育つコーヒー
は、マラウイ屈指の品質を
誇ります。ソングウェ川に
近く、一定の降雨と安定し
た気温に恵まれています。

ポカ山地

ニイカ国立公園の高原とチ
ランバ海岸の間に位置する
リビングストニアは、海抜
1,700mのポカ山地でコー
ヒーを栽培。ほのかな花の
香りと甘さが感じられる上
品なコーヒーです。

ンカタベイ高原

ムズズの南東から南西
に広がるンカタベイ高
原は、高いところで海
抜2,000mに達します。
気温が高く、雨量の多
い環境です。エチオピ
アのコーヒーによく似
た味わいのものもあり
ます。

マラウイのコーヒーの基本データ

世界の生産量に占める割合：**0.01%**

収穫期：**6月〜10月**

生産処理：**ウォッシュト、ナチュラル**

主な種と品種：**アラビカ種** アガロ、ゲイシャ、
カティモール、
ムンド・ノーボ、
ブルボン、
ブルーマウンテン、
カトゥーラ

世界の生産量ランキング：**世界第48位**

凡例

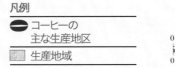 コーヒーの
主な生産地区

生産地域

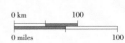

0 km　　　100

0 miles　　　100

カメルーン

生産量の大半をロブスタ種が占めるカメルーンのコーヒーは、ボディに厚みがあり、酸味が少ないのが特徴です。ココアやナッツの風味、土のようなアロマが感じられます。

カメルーンでのコーヒー栽培が始まったのは、ドイツの植民地下にあった19世紀後半のこと。ドイツ人は大規模なプランテーションを展開するのではなく、各地に実験的な農園を開設しました。その後、沿岸州と西部州が栽培に最適であるとの結論に達し、1950年代にコーヒー栽培が本格的に拡大されました。しかし1990年代前半に、公的な助成金が廃止されて産業が民営化されると、生産コストが急騰。確実な収入が見込めなくなり、多くの農家が、コーヒーよりも安定的な作物へと切り替えました。

かつては世界第8位の生産量を誇っていましたが、さまざまな困難に直面し、生産量が大きく減少。政府は現在、コーヒー産業の浮揚を図るため、国民にコーヒーの消費を奨励しています。国内の消費量が増えれば産業の追い風になることは確実で、農村部の人々が切望する収入を得られるようになるでしょう。

カメルーンのコーヒーの基本データ

世界の生産量に占める割合：**0.23%**
収穫期：**10月〜1月**
生産処理：**ウォッシュト、パルプト・ナチュラル、ナチュラル**
主な種と品種：**ロブスタ種、アラビカ種** ジャバ、ティピカ
世界の生産量ランキング：**世界第26位**

アフリカ

チャド湖

高地
植樹されている木の約8割はロブスタ種ですが、西部州と南西州の高地を中心にアラビカ種への移行が進んでいます。最近では北西州でもこの動きがあります。

極北州
・マルア

チャド

・ガルア

北部州

ア ダ マ ワ 高 原

ナイジェリア

ンガウンデレ・

アダマワ州

中央アフリカ共和国

北西州
・バメンダ

南西州

西部州 ・フンバン
バフサム・

カ メ ル ー ン

ンコングサンバ・
クンバ・

沿岸州

中央州

・ベルトゥア

東部州

ドゥアラ・

・ヤウンデ

ギニア湾

赤
道
ギ
ニ
ア

・エボロワ

南部州

ガボン

コンゴ共和国

沿岸州と西部州
現在、カメルーンの総生産量の75%を沿岸州と西部州が占めています。

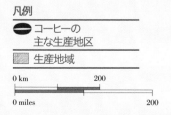

凡例

コーヒーの
主な生産地区

生産地域

0 km   200

0 miles   200

ザンビア

フルーツポンチ、花、チョコレート、カラメルといった風味が感じられ、甘さも酸味もあるザンビアのコーヒーには、東アフリカコーヒーの特徴が顕著に表れています。それもそのはず、この国にはケニアとタンザニアから種が持ち込まれたのです。

コーヒー産業への参入は遅く、栽培開始は1950年代でした。イギリス人植民者がケニアとタンザニアからブルボンの種を持ち込み、ルサカ周辺に大規模な農園を開いたのです。栽培環境はまずまずでしたが、最適ではありませんでした。

コーヒー産業を維持する努力は1964年の独立後も継続されました。1970年代に入ると、よりよい土壌と気候を見つけることに重点が置かれ、徐々に北部州やムチンガ州に産地がシフト。数年のうちに、1,000を超える小規模な農家がコーヒー栽培を開始しました。そして1985年、初めてザンビア産の豆が輸出されました。

生産量は、最高で2003年の11万9,000袋、最低で2014年の3,000袋と波が大きくなっています。現在は官民から資金面で後押しを受け、生産量が再び上昇に転じています。

ムチンガ断崖

ムチンガ断崖と、最大標高約2,300mに達するマフィンガ高地には、コーヒーの栽培に適した気候と土壌が揃っています。

ルサカ

イギリス人植民者は、このルサカ周辺にコーヒー栽培用の大規模な商業農園を開きました。しかし、干ばつと病気の影響でなかなか栽培が進まず、生育スピードも芳しくありませんでした。

凡例

 コーヒーの主な生産地区

生産地域

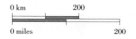

0 km　　200

0 miles　　200

ザンビアのコーヒーの基本データ

世界の生産量に占める割合：**0.01%**

収穫期：**6月～10月**

生産処理：**ウォッシュト、ナチュラル、ハニー**

主な種と品種：**アラビカ種** ブルボン、カティモール、カスティーヨ、ジャバ

世界の生産量ランキング：**世界第52位**

ジンバブエ

ジンバブエのコーヒー栽培が商業レベルに達したのは、やっと1960年代になってからでした。ジンバブエのアラビカ種は、柑橘系とワインの風味、そして甘みがあることで知られます。

　1890年代にはすでに小規模な農園がいくつか存在していましたが、それから数十年もの間、病気と干ばつの影響で産業の足がかりができず苦しい時代が続きました。明るい兆しが見えたのは、1960年代と1990年代。この時期には輝かしい成長期を経験しました。

　ところが2000年代に入ると、不安定な政治情勢と経済不況に加え、反政府感情の高まりによって数を増やした民兵により、白人が所有していた民間の農園と土地が奪われることに。ほんの数件の農園を除き、商業農園の白人オーナーは土地を追われてしまいました。2013年には生産量はわずか7,000袋にまで減少しました。

　しかし2017年に誕生した新政権のもとで、コーヒー産業には新たな活力と希望が生まれつつあります。民間セクターとNGOからの関心を力にして、ジンバブエの産地では植樹が再開されています。

ジンバブエのコーヒーの基本データ

世界の生産量に占める割合：**0.01%**
収穫期：**6月〜10月**
生産処理：**ウォッシュト**
主な種と品種：**アラビカ種** カティモール、カトゥーラ
世界の生産量ランキング：**世界第53位**

アフリカ

ホンデ・バレー

ホンデ・バレーなどの辺境地にある産地も回復し始めています。2000年に2,000人いたコーヒー農家のうち、今でも栽培を続けているのはわずか300人ほどの小規模農家のみですが、今後数年間でこの数は数倍に増える見込みです。

ザンビア
カリバ
カロイ
中央マショナランド州
西マショナランド州
カリバ湖
シャンバ・
ハラレ
東マショナランド州
ホンデ・バレー
ワンゲ
カドマ
ムタサ
北マタベレランド州
ムタレ・
クウェクウェ
マニカランド州
ジンバブエ
チマニマニ
グウェル
ミッドランズ州
ブンバ
ブラワヨ
マシンゴ・
チピンゲ
ボツワナ
マシンゴ州
チレジ
グワンダ
南マタベレランド州
ベイトブリッジ
南アフリカ共和国
モザンビーク

凡例
⬤ コーヒーの主な生産地区
▨ 生産地域

0 km ― 100
0 miles ― 100

東部の高地

ジンバブエのコーヒーの産地は、東のモザンビークとの国境沿いにある高地に位置し、南はチピンゲとチマニマニ、西はブンバ、北はホンデ・バレーとムタサにまで広がっています。

マダガスカル

**非常に珍しい品種の宝庫。マダガスカル産の豆には
まだ出会ったことのない風味が眠っているかもしれ
ません。実際に入手できる豆には、土やタフィー、柑
橘系、花など、さまざま味わいのものがあります。**

　地球上でも有数の生物多様性を
誇る島国なのですから、コーヒーの
木の貴重な野生種が豊富に存在す
るのも驚くことではないでしょう。
記録されている124の品種のう
ち、50はこの地にしか生育していま
せん。全世界で単一栽培が基本で
あることを考えれば、遺伝的に異な
る品種がこれだけ多く存在するの
はマダガスカルだけの特徴であり、
それゆえに貴重な土地なのです。
ただ、病害や気候変動に弱いとい
うリスクはつきまといます。
　この島の品種の6割は絶滅が危
惧されており、アラビカ種の野生種
もその1つです。コーヒーの未来は、
こうした野生種の生育環境を早急
に保護できるか、そしてシードバン
クでもっと多くの種を保存できるか
にかかっているとも言えます。

北部と中部

マジュンガ、オート・マツィアーチャ、ア
モロニ・マニアなど、北部と中部には少
量のアラビカ種が確認できます。

ロブスタ種の産地

マダガスカルの生産量の約98%はロ
ブスタ種です。ロブスタ種はノシベ島
のほか、アツィナナナ、オート・マツィ
アーチャ、アツィモ・アンドレファナで
栽培されています。

マダガスカルのコーヒー
の基本データ

世界の生産量に占める割合：**0.29%**

収穫期：**5月〜10月**

生産処理：**ナチュラル、ウォッシュト**

主な種と品種：**ロブスタ種**

　　　　　　　アラビカ種 ティピカ、ブルボン、
　　　　　　　　　　　　カティモール

世界の生産量ランキング：**世界第24位**

凡例

⬤ コーヒーの
　　主な生産地区

▨ 生産地域

0 km　　　　200

0 miles　　　　200

世界各地のコーヒーたち

インドネシア、
アジア、オセアニア

インド

インドのアラビカ種とロブスタ種はボディが重く酸味が弱いため、特にエスプレッソ用として人気が高い豆です。インドらしい味わいの特徴がはっきりと出る豆もあることから、輸出業者はそうした豆をさらに発掘しようと目を光らせています。

アジア

インドのコーヒーは通常、シェードツリーとなる他の作物の下で育ちます。混植される作物は、コショウ、カルダモン、ショウガ、ナッツ類、オレンジ、バニラ、バナナ、マンゴー、ジャックフルーツなどです。収穫後の生産処理方法は、ウォッシュトやナチュラルのほかに、インド特有の「モンスーン」式があります（右の「地域の取り組み」を参照）。カティモール、ケント、S795などのアラビカ種の品種もありますが、生産量の大部分はロブスタ種。25万人の生産者のほとんどが小規模農園を営み、およそ100万人がコーヒーを生計の手段としています。ロブスタ種の収穫期は年に2回ですが、気候によって数週間単位でずれることもしばしばです。

ここ5年間の年間生産量は平均で約570万袋です。そのうちの80％が輸出されますが、国産のコーヒーを嗜む人も増えてきています。

インドで人気の飲み方は、伝統的なインド式フィルターコーヒー。コーヒーとチコリを3:1の比率で混ぜて抽出する方法です。

地域の取り組み

モンスーンと呼ばれるユニークな生産処理方法では、暑い天気の下で湿潤な風に生豆をさらします。この過程で豆が膨らんで色が落ち、味わいが変化します。

ロブスタ種のコーヒーチェリー
インドでは、収穫したロブスタ種の豆をモンスーン式で生産処理することがあります。

インドのコーヒーの基本データ

世界の生産量に占める割合：**3.5％**

収穫期：**アラビカ種 10月〜2月**
ロブスタ種 1月〜3月

生産処理：**ウォッシュト、ナチュラル、セミナチュラル、モンスーン**

主な種と品種：**ロブスタ種60％**
アラビカ種40％ カーベリ（カティモール）、ケント、S795、セレクション4/5B/9/10、サン・ラモン、カトゥーラ、デバマシー

世界の生産量ランキング：**世界第7位**

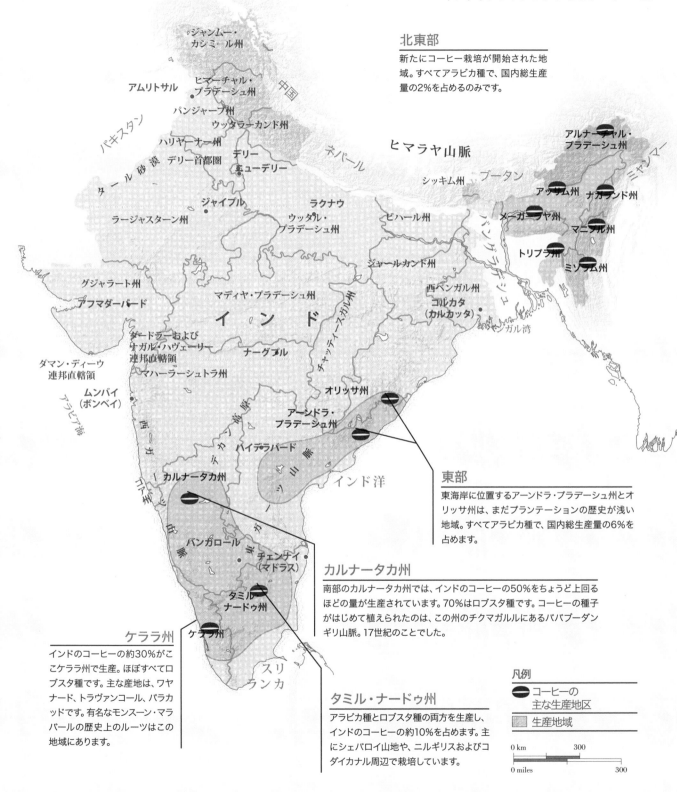

北東部

新たにコーヒー栽培が開始された地域。すべてアラビカ種で、国内総生産量の2%を占めるのみです。

ジャンムー・カシミール州

アムリトサル

ヒマーチャル・プラデーシュ州

中国

パンジャーブ州

ウッタラーカンド州

パキスタン

ハリヤーナー州

デリー

ニューデリー

デリー首都圏

ネパール

ヒマラヤ山脈

ブータン

シッキム州

アルナーチャル・プラデーシュ州

アッサム州　ナガランド州

メガーラヤ州

マニプル州

トリプラ州

ミゾラム州

ミャンマー

バングラデシュ

ジャイプル

ラクナウ

ウッタル・プラデーシュ州

ビハール州

ター ル 砂漠

ラージャスターン州

ジャールカンド州

西ベンガル州

コルカタ（カルカッタ）

グジャラート州

アフマダーバード

マディヤ・プラデーシュ州

イ ン ド

ベンガル湾

ダードラーおよびナガル・ハヴェーリー連邦直轄領

ナーグプル

チャッティースガル州

ダマン・ディーウ連邦直轄領

マハーラーシュトラ州

ムンバイ（ボンベイ）

アラビア海

西ガーツ山脈

東ガーツ山脈

オリッサ州

アーンドラ・プラデーシュ州

ハイデラバード

東部

東海岸に位置するアーンドラ・プラデーシュ州とオリッサ州は、まだプランテーションの歴史が浅い地域。すべてアラビカ種で、国内総生産量の6%を占めます。

カルナータカ州

バンガロール

チェンナイ（マドラス）

インド洋

カルナータカ州

南部のカルナータカ州では、インドのコーヒーの50%をちょうど上回るほどの量が生産されています。70%はロブスタ種です。コーヒーの種子がはじめて植えられたのは、この州のチクマガルルにあるババブーダンギリ山脈。17世紀のことでした。

タミル・ナードゥ州

ケララ州

ケララ州

インドのコーヒーの約30%がここケララ州で生産。ほぼすべてロブスタ種です。主な産地は、ワヤナード、トラヴァンコール、パラカッドです。有名なモンスーン・マラバールの歴史上のルーツはこの地域にあります。

スリランカ

タミル・ナードゥ州

アラビカ種とロブスタ種の両方を生産し、インドのコーヒーの約10%を占めます。主にシェバロイ山地や、ニルギリスおよびコダイカナル周辺で栽培しています。

凡例

コーヒーの主な生産地区

生産地域

0 km　　300

0 miles　　300

スリランカ

新興のスペシャルティコーヒー生産国。
世界でも珍しいフローラルでフルーティ
な風味を秘めた、エチオピア野生種の
栽培をもう一度広めようとしています。

　この地には、16世紀にムーア人の商人
によってエチオピアの野生種がもたらさ
れたと考えられています。18世紀には、
オランダ人植民者によってオランダから
木が持ち込まれ、初めて組織的な栽培
がスタート。その大部分は失敗に終わり
ましたが、シンハラ人が国内向けに栽培
を始めたことで、スリランカ独特の多様
性は守られました。

　コーヒー生産を商業化する試みはイギ
リス人植民者によって引き継がれ、1860
年代には世界トップ3の生産量を誇るま
でに。しかし、1880年代にサビ病によっ
て農園が駆逐されてしまいます。

　ただ、一部のエチオピア品種は小規模
な農園のもとでサビ病の危機を免れま
した。現在、そうした小規模農家はエアル
ームの品種に注力し、環境に配慮したサ
ステナブルな方法での栽培に取り組んで
います。

スリランカ流
スリランカには、豆にスパイ
スを混ぜて抽出する珍しいコー
ヒーがあります。これはスリラン
カコーヒーと呼ばれ、主に
家庭で飲まれています。

キャンディ
1820年代には、イギリス人植民者が
キャンディ郊外のガンノルワやシンハ
ピティヤの山腹にコーヒー農園を移し
ました。

ヌワラエリヤ
この地域には樹齢150年にも達すると
考えられている木があります。世界的な
需要に押されて、この貴重な生物資源
から小規模ながらも急速にスペシャル
ティコーヒー産業が育ちつつあります。

スリランカのコーヒーの基本データ

世界の生産量に占める割合：**0.02%**
収穫期：**10月～3月**
生産処理：**ナチュラル、ウォッシュト**
主な種と品種：**ロブスタ種、アラビカ種**
世界の生産量ランキング：**世界第46位**

凡例
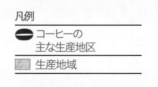 コーヒーの
主な生産地区
生産地域

0 km ─── 50
0 miles ─── 50

ネパール

甘く、風味が豊かで、スギやドライフルーツ、柑橘系の風味がある
ネパールのコーヒー。ヒマラヤ山脈で育てられた豆は、増加する
コーヒー通たちのもとへ届けられています。

アジア

　ネパールには、1938年にヒラギリという人物によってコーヒーが伝えられたとされています。コーヒーは家庭用や国内向けに栽培されていましたが、サビ病が全国に猛威を振るった影響で産業の成長は頭打ちになり、各農家は茶葉栽培に切り替えました。

　1970年代後半になると、インドからコーヒーの種子が新たに到着。小規模なコーヒー農園が再び開設さ

れました。1990年代には商業生産が本格的に始まり、それから10年の間に飛躍的な成長を遂げました。

　現在、コーヒーが栽培されている郡は42を数え、3万2,500世帯がコーヒーで収入を得ています。農園の大幅な拡大を計画しているネパールは、今後、スペシャルティコーヒーの産地として確かな存在感を放つことになるに違いありません。

グルミ

1938年にミャンマーから持ち込まれた種が初めて植えられた地。コーヒーの木はここからヴィズ、パルパ、シャンジャ、カスキ、バグルンへと広がっていきました。

スドゥールパシュチム州
・ダデルドゥラ
・ジュムラ
カルナリ州
ネパール
ルクム
バルパット
ガンダキ州
バグルン
カスキ
ダンガリ
サリヤン
グルミ
ポカラ
ラムジュン
ゴルカ
バグマティ州
ダディン
ネパールガンジ
ルンビニ
シンドゥパルチョーク
アルガカンチ
タナフン
カトマンズ
ラリトプール
パルパ
マクワンプール
ラリトプール
シャンジャ
バイラワ
ベタウダ
ラメチャプ
カブレパランチョーク
シンズリ
ラスワ
第一州
ビルガンジ
イラム
第二州
ラジビラジ
イラム
ビラトナガル
中国
インド

ネパールのコーヒーの基本データ

世界の生産量に占める割合：**0.01%**

収穫期：**12月〜1月**

生産処理：**ウォッシュト**

主な種と品種：**アラビカ種** ブルボン、ティピカ、パカマラ、カトゥーラ

世界の生産量ランキング：**世界第58位**

ヒマラヤ山脈

ヒマラヤ山脈のコーヒーは観光客や国外のコーヒー好きだけでなく、地元ネパールの人々をも惹きつけています。総生産量の3〜5割は国内向けとして流通しています。

凡例

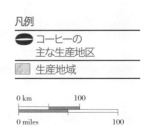

⬛ コーヒーの主な生産地区

▨ 生産地域

0 km ——— 100

0 miles ——— 100

インドネシア

スマトラ島

インドネシア最大の島、スマトラ島。ここで採れるコーヒーは、木の
ような風味とヘビーな口あたり、軽い酸味が特徴です。味わいは、
土、スギ、スパイス、発酵フルーツ、ココア、ハーブ、革、タバコな
ど多岐にわたります。

インドネシアで生産されるコーヒー
のほとんどは、素朴な味わいのロブス
タ種で、アラビカ種の割合はわずかで
す。スマトラ島にはじめてプランテーシ
ョンが開園したのは1888年。今ではロ
ブスタ種の国内最大の生産地域にまで
発展し、インドネシアの総生産量の75
％を占めています。

アラビカ種では依然としてティピカが
最も一般的です。その他にも、ブルボ
ン、Sラインのハイブリッド、カトゥーラ、
カティモール、ハイブリッド・ティモール

（ティムティム）、エチオピア系のラン
ブンやアビシニアを一部で栽培。複数
の品種を混植して栽培することもしば
しばで、自然交配が多く発生していま
す。水は貴重な資源なため、小規模農
園のほとんどは伝統的な"Giling
Basah（ギリン バサー）"（「スマトラ
式」の意。右の『地域の取り組み』を参
照）で生産処理し、豆は青緑色を帯び
ます。残念ながら、この方法では豆が傷
んだり見た目が悪くなったりすることも
あります。

地域の取り組み

ギリン バサーでは、コーヒー
チェリーの果肉を取り除き、
1〜2日間乾燥させた後、まだ
含水量が多いうちにパーチ
メントを脱殻します。

スマトラ島のコーヒーの基本データ

世界の生産量に占める割合：**7.2%**（インドネシア全体で）

収穫期：**10月〜3月**

生産処理：**ギリン バサー、ウォッシュト**

主な種と品種：**ロブスタ種75%**

アラビカ種25% ティピカ、カトゥーラ、ブルボン、
Sラインのハイブリッド、
カティモール、ティムティム

世界の生産量ランキング：**世界第4位**（インドネシア全体で）

完熟のロブスタ種の果実
スマトラ島のロブスタ種は、主に島の中
心部と南部で育てられています。

アチェ州

島の北端に位置します。ガヨ山、タケンゴン、ラウトタワール湖周辺の地域では、海抜1,100〜1,300mの農園でコーヒーが栽培されています。

凡例

⬤ コーヒーの
主な生産地区

▨ 生産地域

0 km　　　200
0 miles　　　200

バンダアチェ

アンダマン海

アチェ州

メダン

マラッカ海峡

北スマトラ州

シメウルエ島

トバ湖

リントン

マレーシア

リントン

トバ湖周辺の農園は海抜1,200〜1,500mに位置します。生産地はリントン・ニフタからシディカランまで広がり、インドネシアでもトップクラスのアラビカ種を栽培しています。

リアウ州

ブカンバル

ス　マ　ト　ラ　島

イ　ン　ド　ネ　シ　ア

ジャンビ

ジャンビ

シベルト島

パダン

西スマトラ州

ランプン州

島の南端に位置するランプン州は、スマトラ最大級のロブスタ種の生産地です。栽培に適した気候と、海抜400〜700mという高度が揃っています。

南スマトラ州

パレンバン

ブンクル&
マンクラジャ
（南西部）

ブンクル

ランプン州

南西部

ブンクルとマンクラジャでコーヒーの生産が始まったのは比較的最近のこと。ギリンバサーやナチュラルで生産処理し、口あたりがヘビーな素朴な味わいのロブスタ豆が生まれます。

バンダールランプン

インド洋

スラウェシ島

インドネシアの全島中、アラビカ種の栽培量が最も多いのがスラウェシ島。丁寧に生産処理された豆は、グレープフルーツ、ベリー系、ナッツ系、スパイス系の味わいが感じられます。風味豊かな豆が多く、酸味が控えめで厚みのある口あたりです。

スラウェシ島は国内総生産量のわずか2%を占めるのみで、1年に約7,000tのアラビカ豆を生産しています。ロブスタ種も一部で栽培されていますが、その大部分は輸出に回されず、島内で消費されます。

スラウェシ島の土壌は鉄分が豊富で、古いティピカ、S 795、ジュンベルなどの品種を、標高の非常に高い農園で栽培。農家のほとんどは小規模農園で、大規模農園の生産量は5%にすぎません。生産処理方法は伝統的にスマトラ式のギリンバサーを採用（P.92を参照）。そのため、ごく典型的なインドネシア産らしい深緑色を帯びた豆に仕上がります。

一部では中米式のウォッシュト生産処理を導入し始めており、豆に付加価値を付けるのに一役買っています。こうした動きの背景には、主に最大の買い手である日本の輸入業者の存在があります。高い品質基準が満たされるように、日本企業がスラウェシ島に大規模な投資を行ったのです。

スラウェシ島のコーヒーの基本データ

世界の生産量に占める割合：**7.2%**（インドネシア全体で）
収穫期：**7月〜9月**
生産処理：**ギリンバサー、ウォッシュト**
主な種と品種：**アラビカ種95%** ティピカ、S 795、ジュンベル
　　　　　　　ロブスタ種5%
世界の生産量ランキング：**世界第4位**（インドネシア全体で）

熟しつつあるロブスタ種
スラウェシ島での生産量が少ないロブスタ種は、主に北東部で栽培されています。

ママサ県

知名度の低い島西部のコーヒーの産地。雑味のないアラビカ種がスペシャルティコーヒーのバイヤーから注目を集めています。ママサの名が知れ渡るのは時間の問題でしょう。

セレベス海

パ　レ　レ　高　地

ゴロンタロ

北スラウェシ州

マナド

ゴロンタロ

オ
ゴ
ア
マ
ス
高
地

トミニ湾

トギアン諸島

モルッカ海

インドネシア

タナ・トラジャ県

南スラウェシ州中部の高原地帯。海抜1,100m～1,800mの高地で島屈指のコーヒーが生まれます。先住民族「トラジャ」の名を冠して出荷されます。

パル

ポソ

バ
リ
ン
ガ
ラ
高
地

ペレン島

タ
コ
レ
カ
ジ
ア
高
地

中部
スラウェシ州

ポソ湖

バンダ海

マ
ッ
サ
ル
海
峡

西スラウェシ州

スラウェシ島

バ
ン
ガ
イ
諸
島

トゥティ湖

タナ・
トラジャ県

ア
フ
キ
高
地

マルンダ

ママサ県

ポレワリ

エンレカン県

マラマラ

ケンダリ

ウォウォニ島

南東
スラウェシ州

ボ
ー
ネ
湾

南スラウェシ州

ムナ島

トゥカンベシ諸島

マカッサル

ゴワ県
および
シンジャイ県

カバエナ島

ブトン島

ゴワ県およびシンジャイ県

カロシの南部に位置する地域。生産量は多くなく、約40%がロブスタ種です。スラウェシ島のコーヒーは、ゴワ県の西にあるマカッサル港から輸出されます。

エンレカン県

タナ・トラジャの南に位置。この地域のスペシャルティコーヒーの多くは、歴史的に商業が盛んな県都カロシの名前を冠しています。

凡例

● コーヒーの
　主な生産地区

生産地域

0 km		100
0 miles		100

ジャワ島

ジャワ島らしさと呼べるものはほとんどありませんが、控えめな酸
味、ナッツ系や土系の味わい、ヘビーなボディはおおむね共通で
す。素朴な味わいのエイジドコーヒーもあります。

インドネシア

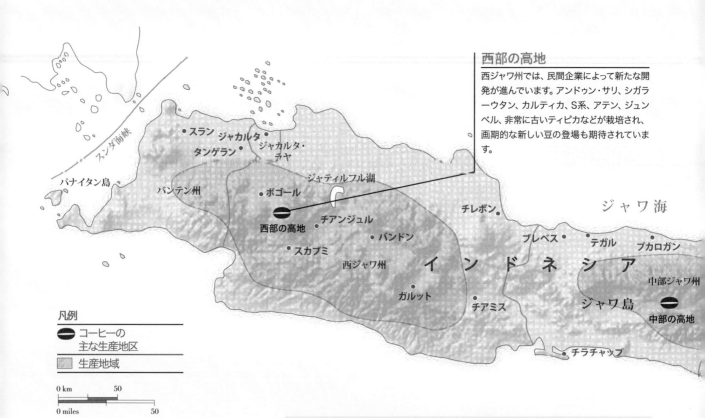

西部の高地

西ジャワ州では、民間企業によって新たな開
発が進んでいます。アンドゥン・サリ、シガラ
ーウタン、カルティカ、S系、アテン、ジュン
ベル、非常に古いティピカなどが栽培され、
画期的な新しい豆の登場も期待されていま
す。

凡例

コーヒーの主な生産地区

生産地域

0 km　　　50
0 miles　　　50

地域の取り組み

ギリン バサーによる生産処理
では豆が傷んだり欠点豆が生じ
たりするため（P.92を参照）、
ウォッシュトによってそのリ
スクを減らしています。

ジャワ島のコーヒーの基本データ

世界の生産量に占める割合：**7.2%**（インドネシア全体で）

収穫期：**6月〜10月**

生産処理：**ウォッシュト**

主な種と品種：**ロブスタ種90%**

アラビカ種10% アンドゥン・サリ、S系、カルティカ、
アテン、シガラーウタン、ジュンベル、
ティピカ

世界の生産量ランキング：**世界第4位**（インドネシア全体で）

アフリカ大陸以外で初めてコーヒーの大規模栽培が始まったのがインドネシアでした。1696年に西部のジャカルタ周辺で栽培を開始。ところが最初の苗木は洪水により全滅してしまい、その3年後の2度目の挑戦で根が付きました。

生産は順調に拡大していましたが、1876年のサビ病の流行によりティピカ種の木が壊滅的な被害を受け、ロブスタ種の栽培が広まりました。ようやくアラビカ種の栽培が再開したのは1950年代に入ってからで、今でもジャワ島の生産量の約10%に留まっています。

今日の生産量の大部分はロブスタ種。わずかながら、アテン、ジュンベル、ティピカなどのアラビカ種も栽培されています。農園の大半が国有プランテーション（PTP）で、東ジャワ州のイジェン高原が栽培の中心地です。PTPはウォッシュトの豆を生産しており、インドネシア産の中でも見た目が良い部類です。民間資本による栽培が西ジャワ州パンガレンガン山周辺で開始されており、今後の展開から目が離せません。

ロブスタ種のチェリーの塊
熟す時期はまちまち。ジャワ島の収穫期が長い理由の1つです。

剪定されたロブスタ種の木
ジャワ島では高く伸ばすこともありますが、たいていは収穫しやすいように剪定します。

東部の高地
特に規模が大きいPTPは、ブラワン、ジャンピット、パンコール、カユマス、トゥゴサリ。一部でロブスタ種が生産されており、カリセロギリとサタクが特に有名です。カリベンドやアイエール・ディンギンなどの民間の農園は低地に位置し、ギリンバサーで生産処理しています（P.92を参照）。

東ティモール

まだあまり知名度はありませんが、大きな可能性を秘めています。最高等級の豆は、クリアでバランスがよく、ブラウンシュガーのような甘さ、強い花の風味、柑橘系の酸味を兼ね備えた非常に複雑な味わいです。

アジア

東ティモール（ティモール・レステ）のコーヒーは、同国にとって石油に次ぐ輸出量を誇り、人口の約25%がコーヒーを主な収入源としているにもかかわらず、現状、世界ではあまり知られていません。

この島国には、19世紀にポルトガル人によってコーヒーが持ち込まれました。現在、コーヒーの産地はエルメラ県に集中しており、生産量の半分近くが同県産です。

世界でこの島にしかない自然交配種があるのが、東ティモールの自慢です。その名もハイブリッド・ティモール（HDT）。ロブスタ種の病害耐性とアラビカ種の繊細なテイストを合わせ持つことから、病害耐性と生産性を高めるための品種改良に広く用いられてきました。たとえばカティモールやサルチモールはHDTの交配種です。

エルメラ県

肥沃な土壌と高い標高を持つエルメラ県のコーヒーは、東ティモール産として最も品質が高いとされています。レテフォホ村などの豆は、その安定した品質から、スペシャルティコーヒー市場での知名度が高まっています。

その他の地域

その他の産地はマヌファヒ、サメ、アイナロ、マウビシ、リキサなどです。より小規模ながら、ボボナロとアイレウでも栽培されています。

豆の乾燥
小規模農園の多くは、屋外に敷いたタープの上で豆を乾燥させます。

独自の交配種

よく知られた交配種であるハイブリッド・ティモール（HDT、別名ティムティム）は、アラビカ種とロブスタ種の自然交配種です。1927年にこの島で発見されました。

ラウテム　コム

バハラ　トゥトゥアラ

フィロロ　ジャコ島

バンダ海

バウカウ　ラガ

マナトゥト　ベルナセ　バウカウ県

レレイア

レウロ　ロスパロス

ラウテム県

テ　ィ　モ　ー　ル

ファトゥリア　バグイア

ロリ

イリオマール

ラクルバル

マナトゥト県　ラクルタ　オス

ビケケ県　ウアイタメ

ビケケ

凡例

⬤ コーヒーの
　主な生産地区

▨ 生産地域

0 km　　　　20

0 miles　　　20

タラクク

ティモール海

東ティモールのコーヒーの基本データ

世界の生産量に占める割合：**0.06%**

収穫期：**5月〜10月**

生産処理：**ウォッシュト、ナチュラル**

主な種と品種：**アラビカ種80%、**
ロブスタ種20% ティピカ、HDT、
カティモール、サルチモール

世界の生産量ランキング：**世界第40位**

パプアニューギニア

パプアニューギニア産は、口あたりが濃厚で、酸味は弱～中程度、そしてハーブ、木、トロピカルフルーツ、タバコなどを思わせる味わいが特徴です。

コーヒーの大半が小規模農園で作られ、プランテーション産もありますが、大規模農園の生産量は数％にすぎません。生産はほぼすべてが高地栽培のアラビカ種（ブルボン、アルーシャ、ムンド・ノーボなど）。200～300万人がコーヒーで生計を立てています。植樹本数の増加や品質の向上への関心が、国中のあらゆる産地で高まっています。

オセアニア

東部山岳州
海抜1,500～1,900mに達する高地と豊富な雨量により、国内随一の複雑さと品質の豆が生まれます。

凡例
⬭ コーヒーの主な生産地区
▦ 生産地域

0 km ─── 150
0 miles ─── 150

ヴァニモ
サンダウン州
ウェワク
東セピック州
中央山脈
カルカル島
ビスマルク海
ニューアイルランド島
ニューアイルランド州
ラバウル
北ソロモン州
マダン州
マダン
西ニューブリテン州
ソロモン諸島
エンガ州および西部山岳州
ゴロカ
モロベ州
キンベ
ニューブリテン島
東ニューブリテン州
ブ　ゲンビル島
アラワ
チンプ州
東部山岳州
ラエ
ビティアス海峡
ソロモン海
ニューギニア島
南部山岳州
ジワカ州
インドネシア
マレー湖
湾岸州
パ　プ　ア　ニ　ュ　ー　ギ　ニ　ア
キリウィナ諸島
西部州
パプア湾
北部州
ダントルカスター諸島
ポポンデッタ
オーエンスタンレイ山脈
ボートレイ山脈
モレスビー
ポートモレスビー
中央州
ミルン湾州
アロタウ
サンゴ海

エンガ州および西部山岳州
比較的乾燥した海抜1,200～1,800mの高地。控えめな酸味とハーブやナッツの風味の豆が生まれます。

チンブ州およびジワカ州
海抜1,600～1,900mと、国内でも特に標高が高い産地。最高品質の豆は、明るい酸味と優しいフルーティな風味があります。

PNGのコーヒーの基本データ

世界の生産量に占める割合：**0.55%**
収穫期：**4月～9月**
生産処理：**ウォッシュト**
主な種と品種：**アラビカ種95%**
原種に近いティピカ、ブルボン、アルーシャ、ブルーマウンテン、ムンド・ノーボ
ロブスタ種5%
世界の生産量ランキング：**世界第17位**

オーストラリア

多彩な味わいがありますが、多くはナッツやチョコレートの味わいとソフトな酸味があり、甘い柑橘系やフルーツの風味もほのかに感じられます。

　200年というアラビカ種栽培の長い歴史があり、いくつもの好不況を経験。ここ40年間は収穫機械の導入が進み、大陸の東に浮かぶノーフォーク島をはじめ、産業の活性化を狙った新たな農園が誕生しています。

　古いティピカやブルボンに加えて、K7、カトゥアイ、ムンド・ノーボなどの人気の新種も栽培されています。

オーストラリアのコーヒーの基本データ

世界の生産量に占める割合：**0.01%未満**

収穫期：**6月〜10月**

生産処理：**ギリン バサー、ウォッシュト、パルプトナチュラル**

主な種と品種：**アラビカ種95%** K7、カトゥアイ、ムンド・ノーボ、ティピカ、ブルボン

世界の生産量ランキング：**世界第56位**

アサートン高原
国内生産量の約半分を占め、大規模農園の大半がこの高原に集中しています。甘いチョコレートやナッツの風味が特徴です。

中央クイーンズランド地域および南西部地域
小規模農園と企業による大規模農園が入り混じった地域。マイルドで甘さがあり、酸味は控えめです。

ニューサウスウェールズ州ノーザン地域
気候が冷涼で標高が高いため、実が比較的ゆっくりと熟します。これによって強い風味が生まれ、またカフェインが少なくなることもあります。

凡例
コーヒーの主な生産地区
生産地域

0 km　　600
0 miles　　600

ミャンマー

スペシャルティコーヒー界の新星。柔らかな柑橘系の風味があるマイルドなウォッシュトと、ほのかな土の香りと個性的な力強さを持つ、ベリー感の強いナチュラルで新たな市場に参入しています。

アジア

コーヒーが農作物としてミャンマーにやってきたのは1885年のこと。イギリス人植民者と宣教団によって最南端の地域タニンダーリにロブスタ種の木が初めて植えられました。コーヒーの木は瞬く間に北へと広がり、モン、カレン、バゴー、ラカインでも栽培が始まりました。1930年には、シャンとマンダレーでアラビカ種の農園が開かれました。

生産は比較的小規模で、1948年にイギリスの植民地支配が終わるとコーヒー産業は失速。数十年にわたってないがしろにされ、多くの農家が栽培から完全に手を引きました。当時のコーヒーは、タイ、ラオス、中国などの隣国に売られるのが一般的でした。

しかし2011年の政治改革後、ミャンマー政府はコーヒーの商業作物としての可能性と、隣国以外にも広く世界から関心が高まっていることに着目。以来、高品質のアラビカ種を作る世界のコーヒー生産国となることを目指して、コーヒー産業の支援と開発を目的とした組織が複数設立されました。

自然林
自然林の高い木々の影で育つコーヒーの木。

ミャンマーのコーヒーの基本データ

世界の生産量に占める割合：**0.09%**
収穫期：**12月〜3月**
生産処理：**ウォッシュト、ナチュラル**
主な種と品種：**アラビカ種80%**
　　　　　　　ロブスタ種20% S-795、カトゥーラ、
　　　　　　　　　　　　　　　カトゥアイ、カティモール、
　　　　　　　　　　　　　　　ブルーマウンテン
世界の生産量ランキング：**世界第35位**

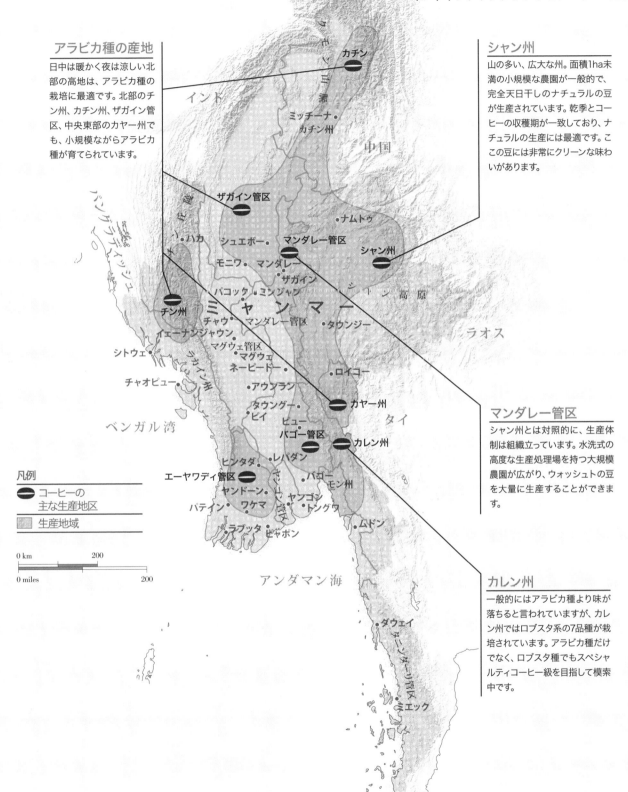

アラビカ種の産地

日中は暖かく夜は涼しい北部の高地は、アラビカ種の栽培に最適です。北部のチン州、カチン州、ザガイン管区、中央東部のカヤー州でも、小規模ながらアラビカ種が育てられています。

シャン州

山の多い、広大な州。面積1ha未満の小規模な農園が一般的で、完全天日干しのナチュラルの豆が生産されています。乾季とコーヒーの収穫期が一致しており、ナチュラルの生産には最適です。ここの豆には非常にクリーンな味わいがあります。

マンダレー管区

シャン州とは対照的に、生産体制は組織立っています。水洗式の高度な生産処理場を持つ大規模農園が広がり、ウォッシュトの豆を大量に生産することができます。

カレン州

一般的にはアラビカ種より味が落ちると言われていますが、カレン州ではロブスタ系の7品種が栽培されています。アラビカ種だけでなく、ロブスタ種でもスペシャルティコーヒー級を目指して模索中です。

凡例

● コーヒーの主な生産地区

生産地域

0 km　　　200

0 miles　　　200

インド
中国
ミャンマー
ラオス
タイ
ベンガル湾
アンダマン海

カチン
ミッチーナ・
カチン州
ザガイン管区
ナムトゥ・
ハカ
シュエボー・　マンダレー管区
モニワ・　・マンダレー
・ザガイン
シャン州
パコック・　・ミンジャン
チン州
チャウ・　マンダレー管区
イェーナンジャウン・　・タウンジー
シトウェ・　マグウェ管区
・マグウェ
チャオピュー・　ネーピードー・
・アウンラン　・ロイコー
・タウングー
・ビイ　カヤー州
ビュー・
バゴー管区
カレン州
ヒンタダ・　・レパダン
エーヤワディ管区　・バゴー
ヤンドーン・　モン州
パテイン・　ワケマ・　・ヤンゴン
・トングワ
・ラブッタ　・ピャポン　・ムドン
ダウェイ・
・ミエッ

タイ

ロブスタ種が大部分を占めるなかで、選び抜かれたアラビカ豆はソフトな口あたりと控えめな酸味で、心地良い花の風味が可能性を感じさせます。

　栽培はほぼすべてロブスタ種。その多くはナチュラル処理で、インスタントコーヒーに使用されます。1970年代に良質なアラビカ種の可能性が見出され、カトゥーラ、カトゥアイ、カティモールなどの植樹が奨励されました。

　ただ残念なことに、この栽培を支える動きは継続せず、アラビカ種を栽培する動機はほとんど失われてしまいました。近年ではタイ産の豆への関心が高まり、農園への投資も手伝って、高品質の豆が生産されています。

タイのコーヒーの基本データ

世界の生産量に占める割合：**0.41%**

収穫期：**10月～3月**

生産処理：**ナチュラル、ウォッシュト**（一部）

主な種と品種：**ロブスタ種98%**
カトゥーラ、カトゥアイ、カティモール、ゲイシャ
アラビカ種2%

世界の生産量ランキング：**世界第19位**

ミャンマー

東南アジア

チェンライ県

メーホンソーン県

チェンマイ県

チェンマイ

ランパーン県

ウドンタニー

北部
タイでは少数派のアラビカ種が栽培されている海抜800～1,500mの地域。ロブスタ種よりも割高な価格を最大限に生かすために、生産処理はウォッシュトです。

ターク県

ピッサヌローク

ナコーンサワン

タ　イ

ビラウンタウン山脈

バンコク

チュムポーン県

ラノーン県

南部
ロブスタ種がよく育つ地域。国内生産量のほぼすべてがここで生産されます。

スラートターニー県

パンガー県

ナコーンシータンマラート

ナコーンシータンマラート県

クラビー県

ソンクラー県

凡例

コーヒーの主な生産地区

生産地域

0 km　　150

0 miles　　150

ベトナム

甘いナッツ系の味わいのソフトな豆に、スペシャルティコーヒー市場も関心を寄せています。

東南アジア

1857年にコーヒー栽培が開始されました。20世紀終盤には一連の政治改革を経た後、高い相場価格を利用するために生産を急拡大。10年で世界第2位の生産国に上りつめました。

その結果、品質で劣るロブスタ種が市場にあふれ、低価格・低品質のトレンドが形成されましたが、現在は政府が需給バランスの安定に取り組んでいます。メインはロブスタ種ですが、アラビカ種も少量ながら栽培されています。

北中部

トゥアティエン・フエ省、クアンチ省、ハティン省、ゲアン省、タインホア省は山々によってモンスーンから守られ、アラビカ種の栽培が拡大中です。

南中部

クアンナム省、クアンガイ省、ビンディン省、フーイエン省、カインホア省では乾季に水やりを行って開花時期を操作し、有利な時期に熟れたチェリーを収穫しています。

中部高原

ダクラク省、ザライ省、コントゥム省、ラムドン省では海抜500～700mで栽培。日中は暑く、夜は冷え込み、雨季と乾季がある環境です。

東南部

ドンナイ省、バリア・ブンタウ省、ビンフオック省は、肥沃な赤土が広がる湿潤な熱帯地域で、ロブスタ種に最適。収穫は乾季に行います。

凡例

● コーヒーの主な生産地区
▨ 生産地域

0 km　　　150
0 miles　　　150

ベトナムのコーヒーの基本データ

世界の生産量に占める割合：**17.7%**
収穫期：**10月～4月**
生産処理：**ナチュラル、ウォッシュト**（一部）
主な種と品種：**ロブスタ種95%**
　　　　　　　アラビカ種5%
　　　　　　　カティモール、チャリ（エクセルサ）
世界の生産量ランキング：**世界第2位**

ラオス

ナチュラル処理が一般的で、それによって豊かな風味と甘みが生まれます。深いボディと、ダークフルーツやワインのような味わいがあります。

　長年、隣国であり世界第2位のコーヒー生産国であるベトナムの陰に隠れてきたラオスですが、ここにきて脚光を浴びる準備が整ってきました。

　ラオスには1920年代にフランス人植民者によって初めてコーヒーが伝わりました。彼らはアラビカ種に最適な微気候が整っているとして、南部のチャンパサックにあるボラヴェン高原で栽培に着手。しかしその後は、数十年にわたって病害や冬の壊滅的な霜害、内戦による破壊に苦しみ、大半のアラビカ種はより丈夫なロブスタ種に植え替えられました。

　ボラヴェン高原は現在もコーヒー生産の中心地で、国内の総収穫量の実に95%を占めます。政府が生産拡大を計画しているほか、生産量よりも豆の品質を重視する傾向が強まっています。

アジア

中国

ミャンマー

ポンサリー・ポンサリー県

ルアン
ナムター県　ルアン
ナムター・　ナムター県　ルアン
パバーン県

ボケオ県
バン・
ファイサーイ　　サムヌア・
　　　　　　　フワパン県

ラオス　シェンクワン県

ウドムサイ県

サイニャブリー・　・シェンクワン　ベトナム

サイニャブリー県　サイソムブーン県

ビエンチャン県　　ボリカムサイ県

・ビエンチャン

タイ　　　　　カムアン県
　　　　　　　・タケク

南シナ海

サバナケット県
・サバナケット

サラワン県
・サラワン
ボラヴェン　セコン県
高原
パクセ・
チャンパサック・　・アタプー
　　　　　　　アタプー県

チャンパサック県

カンボジア

北部

北部の冷涼な高地では、フランス人によってもたらされたアラビカ種の栽培が少数の農家の手で続けられています。フワパン、ルアンパバーン、シェンクワンなどにある村々では、若く、健康で、生産性の高い木を使ったアラビカ種の栽培が、官民によって奨励されています。

ラオスのコーヒーの基本データ

世界の生産量に占める割合：**0.34%**

収穫期：**11月〜4月**

生産処理：**ナチュラル、ウォッシュト**

主な種と品種：**ロブスタ種80%**

　　　　　　　アラビカ種20% ティピカ、
　　　　　　　　　　　　　　　ブルボン、
　　　　　　　　　　　　　　　カティモール

世界の生産量ランキング：**世界第23位**

ボラヴェン高原

フランス人植民者は、肥沃な火山性土壌と高山気候がティピカやブルボンなどの高品質な品種に適していると考え、最適な生育環境が整っているボラヴェン高原を栽培の拠点としました。

凡例

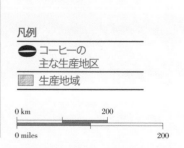

⬤ コーヒーの
　主な生産地区

▦ 生産地域

0 km　　　　　　200

0 miles　　　　　200

アジア

フィリピン

**甘いココアとドライフルーツが感じられるバランスの
よいアラビカ種と、麦芽と木の風味が強めで口あたり
濃厚、ヘビーなロブスタ種が作られています。**

　1740年代にスペイン人によってコーヒーが伝えられると、たちまちアジア最大のコーヒー生産国に成長し、一時は世界で4番手につけるほどでした。しかし、1880年代後半のサビ病の流行によって多数のプランテーションが壊滅。栽培が本格的に再開されたのは、ようやく1950〜60年代になってからでした。

　とはいえ、その間に他の作物に移行してしまっていた農家が多く、栽培のスキルも知識も失われていたことから、コーヒー産業の発展は思うように進みませんでした。ただ、アジアでは珍しく、昔から紅茶よりもコーヒーを好む国民性があり、大量の豆を輸入せざるを得ない状況がありました。こうした国内需要を背景に、政府はコーヒー産業への資源配分を増やし、産地の拡大に加え、量と質を向上させるための生産処理技術の開発に取り組んでいます。

カラバルソン地方
スペイン人が初めてコーヒー栽培を開始したのは、カラバルソン地方のバタンガス州リパでした。産地の大半は南部もしくはこの地よりも北に移っていますが、現在でもリベリカ種の木が確認できます。

西部ビサヤ地方
この地域の栽培面積はおよそ3,800ha。約2,700人の小規模農家が、平均1.4haほどの農園でコーヒーを育てています。生産性の低い古い木に代わる苗木が入手しやすくなったことで、生産量が増加しました。

ダバオ地方
多数のコーヒー農園がある地方。ダバオ市でも地元産のコーヒーを誇らしく売るスペシャルティコーヒーショップが増えており、高品質の豆を求める住民の需要をさらに押し上げています。

凡例

● コーヒーの主な生産地区

生産地域

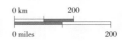

0 km　　200

0 miles　　200

フィリピンのコーヒーの基本データ

世界の生産量に占める割合：**0.13%**

収穫期：**12月〜5月**

生産処理：**ナチュラル、ウォッシュト**

主な種と品種：**ロブスタ種**

　　　　　　　アラビカ種 エクセルサ、リベリカ、ティピカ、ブルボン、カティモール

世界の生産量ランキング：**世界第33位**

中国

総じてソフトな口あたり、甘さ、繊細な酸味があります。風味はナッツ系で、カラメルやチョコレートが感じられることもあります。

　宣教団が雲南省にコーヒーをもたらした1887年から栽培を開始。政府がコーヒー生産に注力し始めるまでには、それから1世紀もの時間を要しました。新しい政策の開始以来、栽培手法や生産周りの環境が向上し、毎年約15％ずつ生産量が増加。国民一人当たりの年間消費量はわずか2〜3杯ですが、これも上昇しています。カティモールやティピカなどのアラビカ種が栽培の中心です。

雲南省

普洱、昆明、臨滄、文山、徳宏は国全体の95％を生産。カティモールがメインで、古いブルボンとティピカの栽培も保山ではまだ見られます。控えめな酸味と、ナッツやシリアルの風味が特徴です。

海南省

本土の南沖に浮かぶ島。年間300〜400kgのロブスタ種の生産は減少傾向にありますが、コーヒー文化は深く根付いています。マイルドで木を思わせる風味とヘビーなボディが特徴です。

福建省

台湾に面した海岸沿いに位置し、茶葉の生産で有名な福建省は、ロブスタ種も栽培。国内生産量の数％を占めます。酸味が控えめなフルボディのコーヒーです。

中国のコーヒーの基本データ

世界の生産量に占める割合：**1.2％**

収穫期：**11月〜4月**

生産処理：**ウォッシュト、ナチュラル**

主な種と品種：**アラビカ種95％**
カティモール、ブルボン、ティピカ
ロブスタ種5％

世界の生産量ランキング：**世界第13位**

凡例

 コーヒーの
　　　主な生産地区

　　生産地域

イエメン

世界でも珍しいアラビカ種を栽培。スパイス、土、フルーツ、タバコを彷彿とさせる「ワイルド」な味わいが楽しめます。

アフリカ大陸以外のほかの国に伝播するはるか昔にコーヒー栽培を開始。モカという小さな港町で商業目的のコーヒー輸出が初めて確立されました。

一部では野生で生育されていますが、主要な産地では古い時代からのティピカやエチオピアの品種を栽培しています。「品種名＝地名」であることが多く、品種の起源の特定は簡単ではありません。

ハラズィ
サナアと海岸の中間地点。ジャバル・ハラズ山脈に農園が広がり、複雑でフルーツやワインを思わせる風味はイエメンを象徴する味わいです。

マタリ
サナアの西、フダイダ港に向かう途中の地域。高地で栽培されるマタリは、イエメン産の中でも酸味が比較的強いことで知られます。

ザマール県
サナアの南に位置する県。県西部で生産する豆は典型的なイエメン産の特徴がありながら、西の産地の豆よりソフトで丸みがあります。

イスマイリ
フタイブ周辺に定着したイスラム教徒たちにちなんで名付けられた地域。地域名でもあり、ここの品種名でもあります。他のイエメン産よりも素朴な味わいです。

イエメンのコーヒーの基本データ

世界の生産量に占める割合：**0.1%**
収穫期：**6月〜12月**
生産処理：**ナチュラル**
主な種と品種：**アラビカ種**
世界の生産量ランキング：**世界第34位**

地域の取り組み
栽培や生産処理の方法は800年間変わっておらず、農薬の使用はまれです。水不足のため生産処理はナチュラルで、豆の見た目は不揃いなこともあります。

凡例
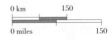 コーヒーの主な生産地区

　生産地域

0 km　　　150

0 miles　　　150

世界各地のコーヒーたち

中南米

ブラジル

世界最大のコーヒー生産国、ブラジル。地域ごとの違いを見分ける
のは難しいですが、セミウォッシュトのアラビカ種や甘いナチュラル
処理の豆は、酸味が控えめで程よいコクがあると言われます。

南米

　1920年、ブラジルの生産量は全世界の80%を占めていました。その後は他国が増産するにつれてシェアが下落。現在では35%となっていますが、最大の生産国であることには変わりません。主にムンド・ノーボやイカトゥなどのアラビカ種を栽培しています。

　1975年に壊滅的な冷害に見まわれたことを受け、ミナス・ジェライス州などに新たなプランテーションが多く設立されました。今ではこの州だけで国内生産量の約半分を占め、その生産量は世界第2位のベトナムに匹敵します。ブラジルのコーヒーが豊作なのか不作なのかは、世界市場に波及し、影響を受ける人の数は計り知れません。私たちが1杯のコーヒーに払う値段は、ブラジルに左右されるのです。

　今日、全国に広がる農園の数はおよそ30万。0.5haから10,000haまで、その規模は大小さまざまです。また生産量の半分は国内で消費されます。

地域の取り組み

生産プロセスの大部分が機械化されているほか、世界でも珍しく、収穫をしてから分別する方法を取っています。

整然と並んだ木々
機械で収穫しやすいように、平地に整然と並べられた木々。ブラジルの栽培システムの要です。

ブラジルのコーヒーの基本データ

世界の生産量に占める割合：**35.2%**

収穫期：**5月〜9月**

生産処理：**ナチュラル、パルプトナチュラル、セミウォッシュト、フリーウォッシュト**

主な種と品種：**アラビカ種80%** テプルボン、カトゥアイ、アカイア、ムンド・ノーボ、イカトゥ
ロブスタ種20%

世界の生産量ランキング：**世界最大のコーヒー生産国**

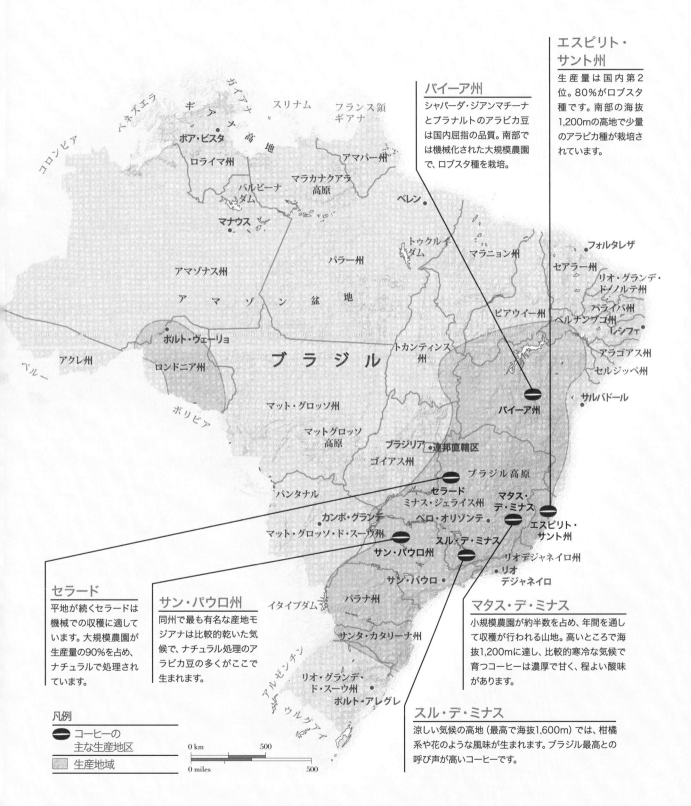

バイーア州

シャパーダ・ジアンマチーナとプラナルトのアラビカ豆は国内屈指の品質。南部では機械化された大規模農園で、ロブスタ種を栽培。

エスピリト・サント州

生産量は国内第2位。80％がロブスタ種です。南部の海抜1,200mの高地で少量のアラビカ種が栽培されています。

セラード

平地が続くセラードは機械での収穫に適しています。大規模農園が生産量の90％を占め、ナチュラルで処理されています。

サン・パウロ州

同州で最も有名な産地モジアナは比較的乾いた気候で、ナチュラル処理のアラビカ豆の多くがここで生まれます。

マタス・デ・ミナス

小規模農園が約半数を占め、年間を通して収穫が行われる山地。高いところで海抜1,200mに達し、比較的寒冷な気候で育つコーヒーは濃厚で甘く、程よい酸味があります。

スル・デ・ミナス

涼しい気候の高地（最高で海抜1,600m）では、柑橘系や花のような風味が生まれます。ブラジル最高との呼び声が高いコーヒーです。

凡例

⬤ コーヒーの主な生産地区

▨ 生産地域

0 km　500
0 miles　500

コロンビア

南米

コロンビア産の特徴は、豊かで濃厚なコク。味わいに目を向ければ、甘いものやナッツ系を始め、チョコレート、花、フルーツ、トロピカルフルーツなど、多彩な風味が広がっています。また地域ごとに風味が明確に異なるのもコロンビアならではです。

　山々が広がるコロンビアでは多種多様な微気候が形成されるため、ユニークな質のコーヒーが生まれる環境が整っています。栽培はすべてアラビカ種（ティピカやブルボンなど）。伝統的にウォッシュトで生産処理します。収穫は年に1～2回で、地域によって回数が異なります。一部では主に9月～12月の間に収穫し、4月や5月に少量収穫します。また、メインクロップを3月～6月に、フライクロップを10月～11月に収穫する産地もあります。コーヒーで生計を立てて

いる人は200万人。ほとんどが小規模農園のグループで働いています。56万の小規模農園はわずか1～2haの面積しかありません。近年ではスペシャルティコーヒー産業が小規模農園と個別に取引し、少量単位での購入や、上質な豆により多く支払うことが可能になっています。

　国産コーヒーの消費も伸びており、生産の約20%が国内で消費されています。

地域の取り組み

ほとんどの農家が自前のウェットミル設備を所有し、乾燥をコントロールしています（P.20～21を参照）。今日では、豆をかき回しやすいアフリカンベッドが広まっています。

豆の乾燥
通常はコンクリート上ですが、急斜面の場合は屋根で乾燥させます。

コロンビアのコーヒーの基本データ

世界の生産量に占める割合：**8.6%**
収穫期：**3月～6月、9月～12月**
生産処理：**ウォッシュト**
主な種と品種：**アラビカ種** ティピカ、ブルボン、タビ、カトゥーラ、コロンビア、マラゴジーペ、カスティーヨ
世界の生産量ランキング：**世界第3位**

課題：乾燥のコントロール、財政、土壌侵食、気候変動、水不足、セキュリティ

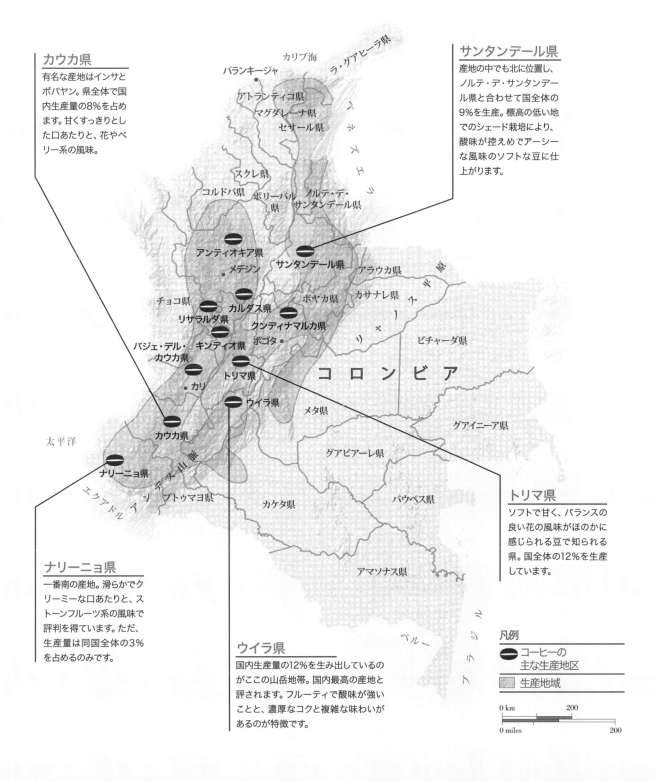

カウカ県

有名な産地はインサとポパヤン。県全体で国内生産量の8%を占めます。甘くすっきりとした口あたりと、花やベリー系の風味。

サンタンデール県

産地の中でも北に位置し、ノルテ・デ・サンタンデール県と合わせて国全体の9%を生産。標高の低い地でのシェード栽培により、酸味が控えめでアーシーな風味のソフトな豆に仕上がります。

ナリーニョ県

一番南の産地。滑らかでクリーミーな口あたりと、ストーンフルーツ系の風味で評判を得ています。ただ、生産量は同国全体の3%を占めるのみです。

ウイラ県

国内生産量の12%を生み出しているのがここの山岳地帯。国内最高の産地と評されます。フルーティで酸味が強いことと、濃厚なコクと複雑な味わいがあるのが特徴です。

トリマ県

ソフトで甘く、バランスの良い花の風味がほのかに感じられる豆で知られる県。国全体の12%を生産しています。

カリブ海
ラ・グアヒーラ県
バランキージャ
アトランティコ県
マグダレーナ県
セサール県
スクレ県
コルドバ県
ボリーバル県
ノルテ・デ・サンタンデール県
アンティオキア県
メデジン
サンタンデール県
アラウカ県
チョコ県
カルダス県
ボヤカ県
カサナレ県
リサラルダ県
クンディナマルカ県
バジェ・デル・カウカ県
キンディオ県
ボゴタ
ビチャーダ県
カリ
トリマ県
コロンビア
カウカ県
ウイラ県
メタ県
グアイニーア県
太平洋
グアビアーレ県
ナリーニョ県
プトゥマヨ県
アンデス山脈
エクアドル
カケタ県
バウペス県
アマソナス県
ペルー

凡例
コーヒーの主な生産地区
生産地域

0 km　　　200
0 miles　　　200

ベネズエラ

かつてはコロンビアに匹敵する量の豆を生産していましたが、現在の生産量はピーク時の数分の1にすぎません。最高等級の豆は、甘さとコク、はっきりとしたフルーツ感があり、酸味のバランスが取れています。

ベネズエラにコーヒーをもたらしたのは聖職者のホセ・グミジャとされています。その1732年以降、プランテーションはアンデス山脈に急速に広がりました。コーヒー産業の成長は20世紀に入っても続きましたが、集約農業を長年継続した結果、生産性が徐々に減少し、国の重点は石油へと移ってしまいました。

2003年になると、価格統制などの規制の影響を受けてコーヒーの生産量が制限され、多くの生産者が農園を去る結果に。そうこうするうちに供給が需要に追いつかなくなり、コーヒーの輸入が輸出を上回るようになりました。現在は石油産業が危機に瀕しており、輸出品目としてのコーヒーに再び関心が向き始めています。ベネズエラほどのコーヒー好きの国が、よもや栽培や改善努力を諦めることはないでしょう。

ベネズエラ産の大半はアラビカ種です。最も有名な銘柄は、西部のアンデス山脈産の豆を集めた「マラカイボ」で、東部の海岸沿いの山岳地帯で作られる豆には「カラカス」の名が付いています。

南米

ベネズエラのコーヒーの基本データ

世界の生産量に占める割合：**0.38%**

収穫期：**10月〜1月**

生産処理：**ウォッシュト**

主な種と品種：**アラビカ種** ブルボン、ティピカ、カトゥーラ、ムンド・ノーボ

世界の生産量ランキング：**世界第22位**

コーヒーパルパー
コーヒーパルパーで外皮と果肉を取り除き、パーチメントに包まれた状態の豆を作ります。

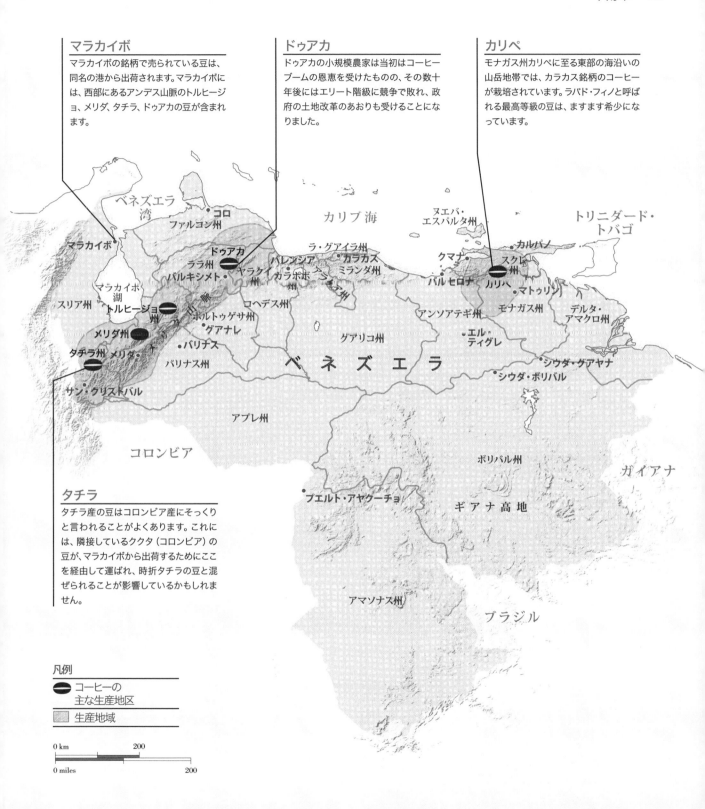

マラカイボ

マラカイボの銘柄で売られている豆は、同名の港から出荷されます。マラカイボには、西部にあるアンデス山脈のトルヒージョ、メリダ、タチラ、ドゥアカの豆が含まれます。

ドゥアカ

ドゥアカの小規模農家は当初はコーヒーブームの恩恵を受けたものの、その数十年後にはエリート階級に競争で敗れ、政府の土地改革のあおりも受けることになりました。

カリペ

モナガス州カリペに至る東部の海沿いの山岳地帯では、カラカス銘柄のコーヒーが栽培されています。ラバド・フィノと呼ばれる最高等級の豆は、ますます希少になっています。

タチラ

タチラ産の豆はコロンビア産にそっくりと言われることがよくあります。これには、隣接しているククタ（コロンビア）の豆が、マラカイボから出荷するためにここを経由して運ばれ、時折タチラの豆と混ぜられることが影響しているかもしれません。

ベネズエラ湾
コロ
ファルコン州
カリブ海
ヌエバ・エスパルタ州
トリニダード・トバゴ
マラカイボ
ドゥアカ
ララ州
ラ・グアイラ州
カラカス
カルパノ
バレンシア
クマナ
スクレ州
マラカイボ湖
バルキシメト
ヤラクイ州
カラボボ州
ミランダ州
バルセロナ
カリペ
マトゥリン
スリア州
トルヒージョ州
コヘデス州
アンソアテギ州
モナガス州
デルタ・アマクロ州
メリダ州
ポルトゥゲサ州
グアナレ
タチラ州
メリダ
バリナス
ベネズエラ
エル・ティグレ
シウダ・グアヤナ
サン・クリストバル
バリナス州
グアリコ州
シウダ・ボリバル
アプレ州
ボリバル州
ガイアナ
コロンビア
プエルト・アヤクーチョ
ギアナ高地
ブラジル
アマソナス州

凡例

⬤ コーヒーの主な生産地区

▨ 生産地域

0 km　　　　200

0 miles　　　200

ボリビア

南米

ボリビア特有の風味がたくさんあるとは言えませんが、甘くバランスが取れたコーヒーで、花、ハーブ、クリーム、チョコレートなどの風味が感じられます。小規模生産ながら、驚くほど多彩な品種を栽培できる可能性を秘めています。

約23,000の小規模な家族経営の農園〈2〜9ha〉が広がるボリビアは、生産量のおよそ40％を国内で消費しています。

輸送と生産処理面の問題や技術的な支援の不足により品質の予測がむずかしい状況にあることから、スペシャルティコーヒー産業が関心を寄せるようになったのはごく最近のこと。輸出は大部分がペルーから船便で出荷という点も、輸送の問題に拍車をかけています。

教育への投資や成長地域付近での新しい生産処理場の設置によって品質が向上し、輸出業者は国際市場を開拓し始めています。

主な栽培品種はアラビカ種のティピカ、カトゥーラ、カトゥアイなど。ほぼすべてが有機栽培です。主要な産地はラパス県の南北ユンガス、フランツ・タマヨ、カラナビ、インキシビ、ラレカハなどがあります。収穫期は、標高、降雨パターン、気温によって異なります。

ボリビアのコーヒーの基本データ

世界の生産量に占める割合：**0.06％**
収穫期：**7月〜11月**
生産処理：**ウォッシュト、ナチュラル**（一部）
主な種と品種：**アラビカ種** ティピカ、カトゥーラ、クリオーリョ、
　　　　　　　　　　　カトゥアイ、カティモール
世界の生産量ランキング：**世界第39位**

課題：輸送がおぼつかない、生産処理設備や技術支援の
　　　　欠如

生育と収穫
農薬を買う資金が不足しているため、
多くの農園は有機栽培が基本。

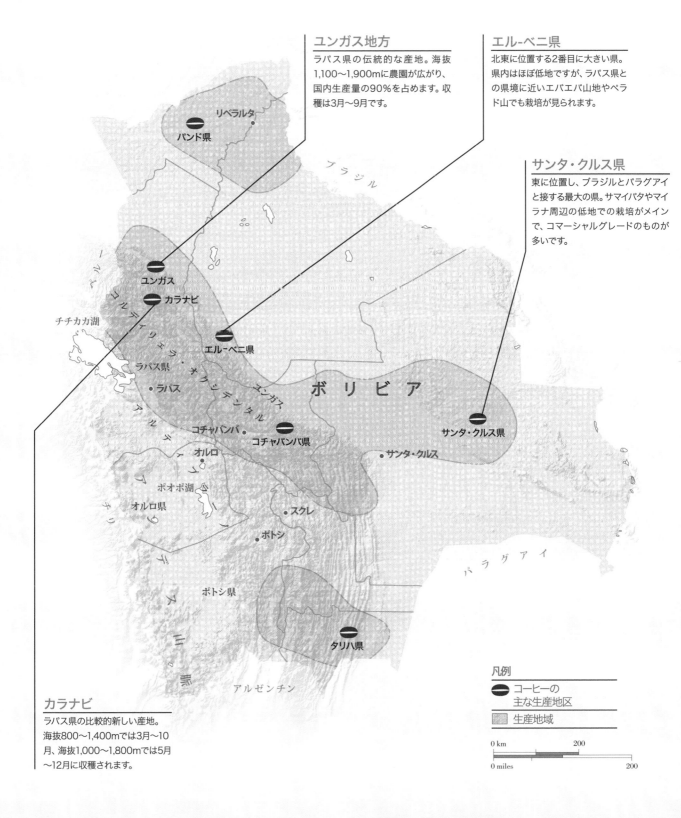

ユンガス地方

ラパス県の伝統的な産地。海抜1,100～1,900mに農園が広がり、国内生産量の90％を占めます。収穫は3月～9月です。

エル-ベニ県

北東に位置する2番目に大きい県。県内はほぼ低地ですが、ラパス県との県境に近いエバエバ山地やペラド山でも栽培が見られます。

サンタ・クルス県

東に位置し、ブラジルとパラグアイと接する最大の県。サマイパタやマイラナ周辺の低地での栽培がメインで、コマーシャルグレードのものが多いです。

ブラジル

チチカカ湖

ペルー

コルディリェラ・オクシデンタル

リベラルタ

パンド県

ユンガス

カラナビ

エル-ベニ県

ラパス県

ラパス

コチャバンバ

コチャバンバ県

オルロ

ポオポ湖

オルロ県

スクレ

ポトシ

ポトシ県

ボ リ ビ ア

ユンガス

サンタ・クルス県

サンタ・クルス

パ ラ グ ア イ

タリハ県

アンデス山脈

アルゼンチン

カラナビ

ラパス県の比較的新しい産地。海抜800～1,400mでは3月～10月、海抜1,000～1,800mでは5月～12月に収穫されます。

凡例

● コーヒーの主な生産地区

　生産地域

0 km　　　　　200

0 miles　　　　200

ペルー

口あたりとバランスが良く、土やハーブの風味が特徴です。豆の種類は多くありません。

　高品質のコーヒーを生産しながらも、基準が不統一という問題に直面するペルー。国内の物流管理がなされていないことが主な原因です。ただ、道路などへのインフラや教育のほか、新しい産地への政府の投資は継続しています。特に投資が盛んな北部では、新たなアラビカ種が栽培されています。

　主な品種はアラビカ種のティピカ、ブルボン、カトゥーラなど。生産量のおよそ90％を占めるのは約12万の小規模農園。それぞれ2ha前後の敷地で栽培しています。

北部
国内の70％を生産。新たなアラビカ種も植樹され、大部分が有機栽培です。

中部
海抜1,200〜2,000mの高地で、大半が有機栽培です。ソフトながらも上品な酸味があり、しっかりとしたコクが感じられます。

南部
国内で最小規模の産地。豆の混合や協同組合経由での出荷が一般的で、産地などの特定は困難です。

ペルーのコーヒーの基本データ

世界の生産量に占める割合：**2.4%**

収穫期：**5月〜9月**

生産処理：**ウォッシュト**

主な種と品種：**アラビカ種** ティピカ、ブルボン、カトゥーラ、パチェ、カティモール

世界の生産量ランキング：**世界第9位**

凡例

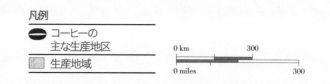

● コーヒーの主な生産地区

生産地域

0 km　　　300
0 miles　　　300

エクアドル

多彩な生態系からさまざまな味わいが生まれますが、多くは典型的な南米の豆です。

ミディアムボディやしっかりとした酸味、そして心地良い甘さもその特徴に数えられます。現在コーヒー産業は困難に直面しており、信頼のある施設の欠如、低い収穫量、高い人件費が品質に悪影響を与えています。全体の栽培面積は1985年から半減。生産はロブスタ種と低品質のアラビカ種です。シェード栽培と有機栽培が一般的で、たいていの小規模農園には白前のウェットミル施設があります。特に標高が高い地域では良質な豆を生む可能性は健在で、ティピカやブルボンのほか、カトゥーラ、カトゥアイ、パカス、サルチモールが植樹されています。

マナビ県
国内最大の産地。アラビカ種の生産量は国全体の50%を占め、生産処理はウォッシュトとナチュラルの両方。乾燥した海沿いの海抜300〜700mで栽培されます。

サモラ・チンチペ県
海抜1,000〜1,800mの好条件が整った南東の産地。ウォッシュトのアラビカ豆がメインで、明るい酸味と甘さがあり、ベリーを思わせる味わいです。

ロハ県、エル・オロ県
南部の歴史の長い産地。海抜500〜1,800mで国全体の20%を生産。乾燥しているため、豆の9割はナチュラル処理です。

凡例
⬛ コーヒーの主な生産地区
▨ 生産地域

エクアドルのコーヒーの基本データ

世界の生産量に占める合：**0.4%**
収穫期：**5月〜9月**
生産処理：**ウォッシュト、ナチュラル**
主な種と品種：**アラビカ種60%**
　　　　　　　ロブスタ種40%
世界の生産量ランキング：
世界第21位

グアテマラ

ココアやタフィーの甘い風味から、ハーブ、柑橘、花のような味わい
まで、産地ごとに極めて豊富な味わいを楽しめるのが特徴。どれも
爽やかな酸味があります。

中米

　険しい山脈や平野といった多くの微
気候に、さまざまな降雨パターンと肥沃
な土壌が組み合わさり、驚くほど多彩な
味わいが生まれます。

　ほぼすべての県で栽培が行われ、グ
アテマラコーヒー協会の分類では、味わ
いの特徴ごとに8地域に分けられます。
品種や局所的な気候の影響を受け、各
地で多彩なアロマと味わいの豆に仕上
がります。コーヒーの総栽培面積は約27

万ha。大部分がウォッシュトのアラビカ
種（ブルボンやカトゥーラなど）です。ロ
ブスタ種は南西部の低地で少量生産さ
れるのみです。

　生産者の数は10万人に上り、多くは
2～3haの小規模農園を所有。チェリー
はウェットミルに持ち込んで生産処理す
るのが一般的ですが、自前の生産処理
場（ベネフィシオ）を持つ農園も増えて
きています。

地域の取り組み

アラビカ種の木をロブスタ種の
木の根に「接ぎ木」する手法を採
用。味わいを損なうことなく、
病害に強いアラビカ種に
なります。

グアテマラのコーヒーの基本データ

世界の生産量に占める割合：**2.3%**
収穫期：**11月～4月**
生産処理：**ウォッシュト、ナチュラル**（一部）
主な種と品種：**アラビカ種98%** ブルボン、カトゥーラ、カトゥアイ、ティピカ
　　　　　　　　　　　　　マラゴジッペ、パチェ
　　　　　　　ロブスタ種2%
世界の生産量ランキング：**世界第11位**

斜面のプランテーション
標高の高い産地の緑が茂った斜面に
は、よく雲がかかります。

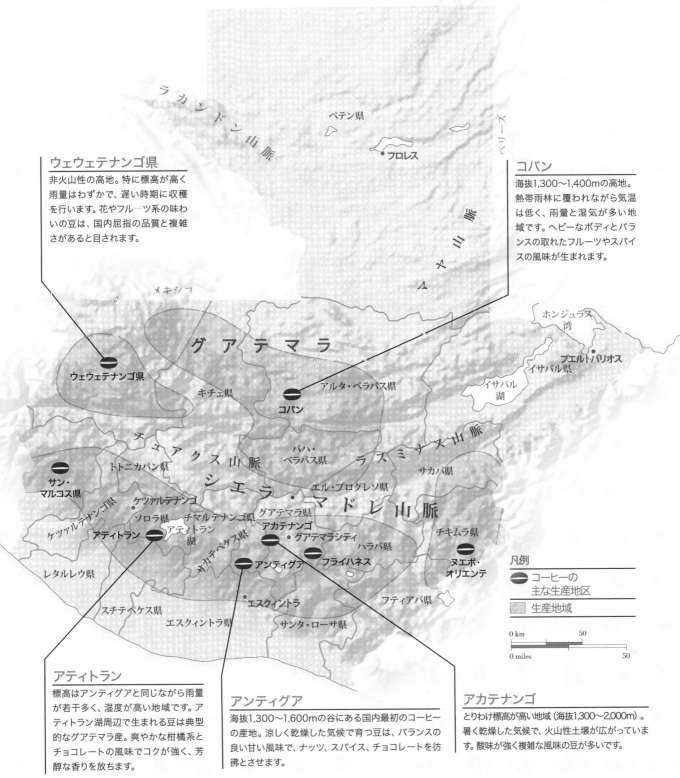

ウェウェテナンゴ県

非火山性の高地。特に標高が高く雨量はわずかで、遅い時期に収穫を行います。花やフルーツ系の味わいの豆は、国内屈指の品質と複雑さがあると目されます。

コバン

海抜1,300〜1,400mの高地。熱帯雨林に覆われながら気温は低く、雨量と湿気が多い地域です。ヘビーなボディとバランスの取れたフルーツやスパイスの風味が生まれます。

ラカンドン山脈

ペテン県

フロレス

シエラ・デ・チャマ山脈

メキシコ

グアテマラ

ウェウェテナンゴ県

キチェ県

アルタ・ベラパス県

コバン

ホンジュラス湾

プエルト・バリオス

イサバル県

イサバル湖

チュアクス山脈

バハ・ベラパス県

ラス・ミナス山脈

トトニカパン県

サン・マルコス県

エル・プログレソ県

サカパ県

シエラ・マドレ山脈

ケツァルテナンゴ

ソロラ県

チマルテナンゴ県

グアテマラ県

アカテナンゴ

グアテマラシティ

チキムラ県

ケツァルテナンゴ県

アティトラン

アティトラン湖

サカテペケス県

アンティグア

フライハネス

ハラパ県

ヌエボ・オリエンテ

レタルレウ県

スチテペケス県

エスキントラ

エスキントラ県

サンタ・ローサ県

フティアパ県

凡例

⬤ コーヒーの主な生産地区

▨ 生産地域

0 km — 50
0 miles — 50

アティトラン

標高はアンティグアと同じながら雨量が若干多く、湿度が高い地域です。アティトラン湖周辺で生まれる豆は典型的なグアテマラ産。爽やかな柑橘系とチョコレートの風味でコクが強く、芳醇な香りを放ちます。

アンティグア

海抜1,300〜1,600mの谷にある国内最初のコーヒーの産地。涼しく乾燥した気候で育つ豆は、バランスの良い甘い風味で、ナッツ、スパイス、チョコレートを彷彿とさせます。

アカテナンゴ

とりわけ標高が高い地域（海抜1,300〜2,000m）。暑く乾燥した気候で、火山性土壌が広がっています。酸味が強く複雑な風味の豆が多いです。

エルサルバドル

世界でもトップクラスの芳醇な味わいを誇るコーヒーは、甘くてクリーミー。ドライフルーツ、柑橘、チョコレート、カラメルなどの風味があります。

この地に最初にもたらされたアラビカ種の品種は、国が政治や経済的な困難をくぐり抜けるなかでも、農園にそのままの状態で残されました。現在は栽培の3分の2をブルボン、残りの3分の1をパカスが占めています。わずかに生産があるパカマラは、エルサルバドル発の人気の交配種です。

生産者の数は約2万人。そのうち95%は、海抜約500〜1,200mに広がる20ha未満の小規模農園で、全農園の半数がアパネカ・イラマテペック地域に集中しています。コーヒーのシェード栽培を行うプランテーションは、森林破壊や野生動物の生息地の損失を食い止めるためになくてはならない存在で、仮に農園の木がなくなれば、事実上、国から自然の森が消えてしまうことになります。

近年では、品質向上とスペシャルティコーヒー市場へのマーケティングに注力し、コモディティ市場の相場の乱高下にも耐えられる販路を開拓しています。

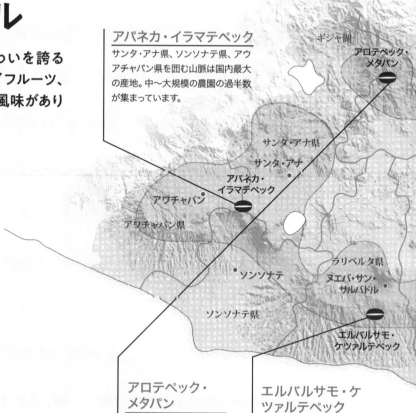

アパネカ・イラマテペック

サンタ・アナ県、ソンソナテ県、アウアチャパン県を囲む山脈は国内最大の産地。中〜大規模の農園の過半数が集まっています。

アロテペック・メタパン

サンタ・アナ県やチャラテナンゴ県など有名な県がある北西部の小さな火山地帯。農園数は最少ながら、豆の品質はトップクラスとされています。

エルバルサモ・ケツァルテペック

中央ベルトの南部に位置するバルサモ山脈とサン・サルバドル火山には、4,000近くの農園が集結。中米らしいバランスの取れたフルボディの豆を生産しています。

コーヒープランテーション
コーヒーはエンセーテなどの果物や材木用の木と混植するのが一般的です。

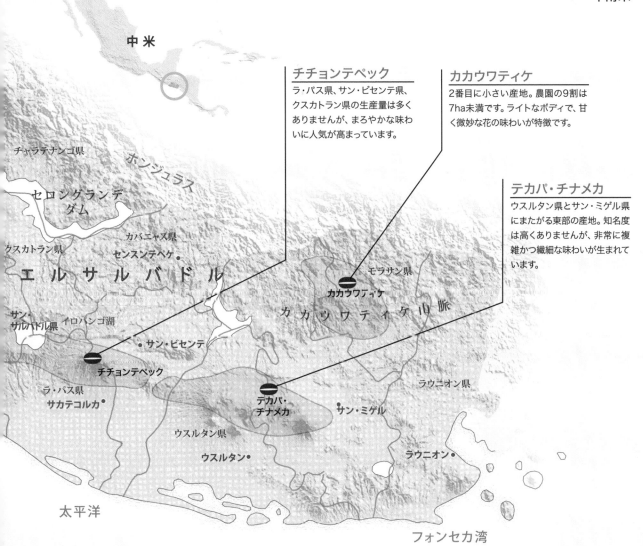

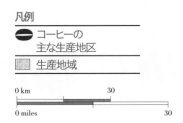

中米

チャラテナンゴ県

ホンジュラス

セロングランデ
ダム

クスカトラン県

カバニャス県

センスンテペケ

エ ル サ ル バ ド ル

サン・
サルバドル県

イロパンゴ湖

サン・ビセンテ

チチョンテペック

ラ・バス県

サカテコルカ

ウスルタン県

ウスルタン

太平洋

モラサン県

カカウワティケ

カ カ ウ ワ テ ィ ケ 山 脈

テカパ・
チナメカ

サン・ミゲル

ラウニオン県

ラウニオン

フォンセカ湾

チチョンテペック

ラ・パス県、サン・ビセンテ県、
クスカトラン県の生産量は多く
ありませんが、まろやかな味わ
いに人気が高まっています。

カカウワティケ

2番目に小さい産地。農園の9割は
7ha未満です。ライトなボディで、甘
く微妙な花の味わいが特徴です。

テカパ・チナメカ

ウスルタン県とサン・ミゲル県
にまたがる東部の産地。知名度
は高くありませんが、非常に複
雑かつ繊細な味わいが生まれて
います。

エルサルバドルのコーヒーの基本データ

世界の生産量に占める割合：**0.41%**

収穫期：**10月～3月**

生産処理：**ウォッシュト、ナチュラル** (一部)

主な種と品種：**アラビカ種** ブルボン、パカス、パカマラ、
　　　　　　　　　　　　　カトゥーラ、カトゥアイ、カティシック

世界の生産量ランキング：**世界第20位**

凡例

⬤ コーヒーの
　主な生産地区

▨ 生産地域

0 km　　　　　30

0 miles　　　　30

コスタリカ

味が良く飲みやすいのが特徴です。複雑な甘さと洗練された酸味、そして豊かなコクが、多彩な柑橘や花の風味を演出します。

中米

ニカラグア湖

サンタ・エレナ半島

グアナカステ山脈

パパガヨ湾

リベリア

グアナカステ州

ニコヤ半島

　自らが栽培して生産したコーヒーへのプライドが高じたコスタリカは、ティピカ、カトゥーラ、ヴィジャサルチなどのアラビカ種を保護するべく、ロブスタ種の生産を禁止しました。さらには、影響を受けやすい生態系と将来のコーヒー生産を守るため、厳しい環境基準が敷かれています。

　生産人口は5万人超で、約90％が5ha未満の小規模農園です。コスタリカのコーヒー産業には、高品質のコーヒーの生産における革命とも言うべき事態が起こりました。産地周辺にマクロミル（小規模な生産処理場）が建設されたことで農家が単独で、あるいは小さなグループを作って、自ら豆を生産処理・管理して付加価値を付け、世界中のバイヤーと直接取引することが可能になったのです。

　さらに若手の生産者も、相場が不安定な状況下で家族農園を継続できるようになりました。残念ながら他国では、こうした若手の定着はあまり見られません。

地域の取り組み

ここではパルプトナチュラル（P.21参照）のことを、「ハニープロセス」と呼びます。ハニーの種類には、ホワイト、イエロー、レッド、ブラック、ゴールドハニーなどがあります。

コスタリカのコーヒーの基本データ

世界の生産量に占める割合：**0.93％**

収穫期：**産地によって異なる**

生産処理：**ウォッシュト、ハニー、ナチュラル**

主な種と品種：**アラビカ種** ティピカ、カトゥーラ、カトゥアイ、ヴィジャサルチ、ブルボン、ゲイシャ、ヴィジャロボス

世界の生産量ランキング：**世界第15位**

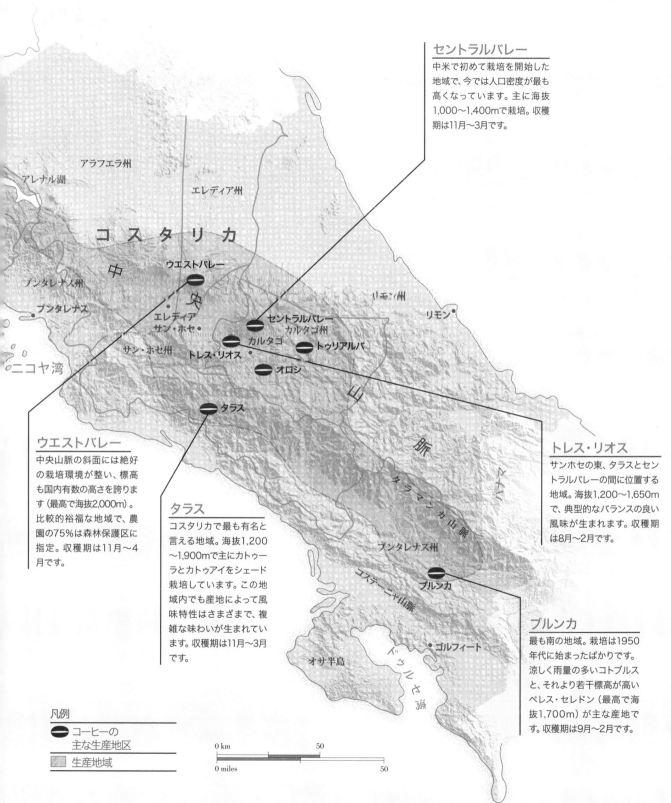

セントラルバレー

中米で初めて栽培を開始した地域で、今では人口密度が最も高くなっています。主に海抜1,000〜1,400mで栽培。収穫期は11月〜3月です。

ウエストバレー

中央山脈の斜面には絶好の栽培環境が整い、標高も国内有数の高さを誇ります（最高で海抜2,000m）。比較的裕福な地域で、農園の75%は森林保護区に指定。収穫期は11月〜4月です。

タラス

コスタリカで最も有名と言える地域。海抜1,200〜1,900mで主にカトゥーラとカトウアイをシェード栽培しています。この地域内でも産地によって風味特性はさまざまで、複雑な味わいが生まれています。収穫期は11月〜3月です。

トレス・リオス

サンホセの東、タラスとセントラルバレーの間に位置する地域。海抜1,200〜1,650mで、典型的なバランスの良い風味が生まれます。収穫期は8月〜2月です。

ブルンカ

最も南の地域。栽培は1950年代に始まったばかりです。涼しく雨量の多いコトブルスと、それより若干標高が高いペレス・セレドン（最高で海抜1,700m）が主な産地です。収穫期は9月〜2月です。

凡例
- コーヒーの主な生産地区
- 生産地域

0 km 50
0 miles 50

ニカラグア

甘く、ファッジやミルクチョコレートの風味があり、フローラル感が強く、繊細で爽やかなハーブから、味わい深くハチミツのような後味までニカラグアの最高等級の豆には多彩な味わいがあります。

中米

広い国土と低い人口密度という好条件が整ったニカラグアには、間違いなく優れたコーヒーを生む力があります。しかし、ハリケーンによる壊滅的な被害や政治的・財政的な混乱によって、コーヒーの生産も名声も落ち込んでしまいました。それでも生産者たちは、スペシャルティコーヒー市場での名誉挽回と、整備されつつあるインフラを利用した栽培手法の継続的な改善に意欲的に取り組んでいます。コーヒーは輸出の主力品目なのです。

約4万人の生産者のうち80%は、3haに満たない農園で栽培（海抜800〜1,900m）。生産の大部分を、ブルボンやパカマラなどのアラビカ種が占めます。農薬のための資金不足により、有機栽培が一般的です。生産処理場のある大規模な工場に豆を売り渡しているので、豆の農家を特定するのは困難ですが、農園が単独でスペシャルティコーヒーのバイヤーと直接取引するケースも出始めています。

ニカラグアのコーヒーの基本データ

世界の生産量に占める割合：**1.45%**
収穫期：**10月〜3月**
生産処理：**ウォッシュト、一部でナチュラル、パルプナチュラル**
主な種と品種：**アラビカ種** カトゥーラ、ブルボン、パカマラ、マラゴジッペ、マラカトゥーラ、カトゥアイ、カティモール
世界の生産量ランキング：**世界第12位**

増加傾向にある収穫量
収穫量を増やすために、剪定と施肥の効率の改善に着手しています。

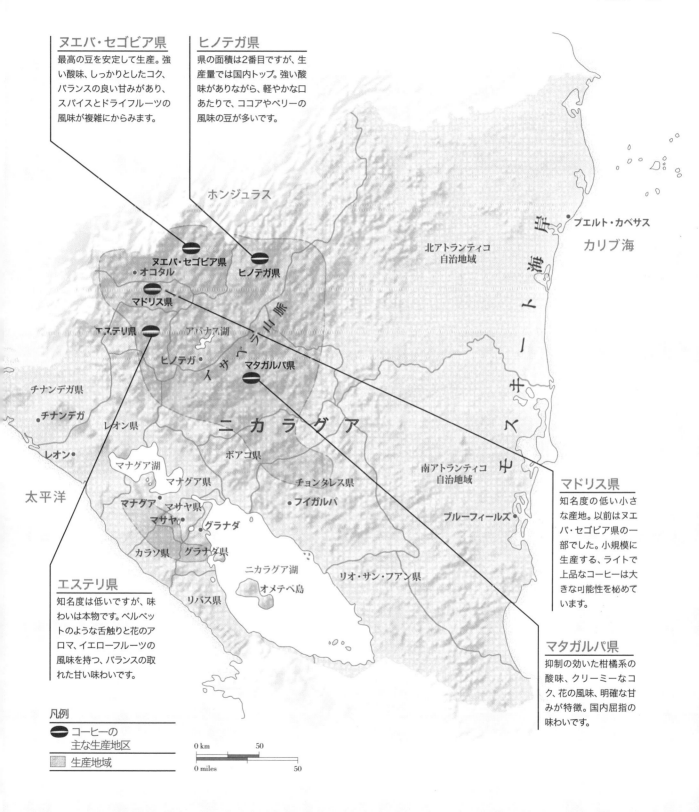

ヌエバ・セゴビア県

最高の豆を安定して生産。強い酸味、しっかりとしたコク、バランスの良い甘みがあり、スパイスとドライフルーツの風味が複雑にからみます。

ヒノテガ県

県の面積は2番目ですが、生産量では国内トップ。強い酸味がありながら、軽やかな口あたりで、ココアやベリーの風味の豆が多いです。

ホンジュラス

プエルト・カベサス

カリブ海

北アトランティコ
自治地域

ヌエバ・セゴビア県

・オコタル

ヒノテガ県

マドリス県

エステリ県

アパナス湖

ヒノテガ・

マタガルパ県

チナンデガ県

・チナンデガ

レオン県

ニカラグア

ボアコ県

南アトランティコ
自治地域

ブルーフィールズ・

・レオン

マナグア湖

マナグア県

チョンタレス県

マナグア

マサヤ県

・フイガルパ

マサヤ・

・グラナダ

カラソ県

グラナダ県

ニカラグア湖

リオ・サン・フアン県

オメテペ島

リバス県

太平洋

マドリス県

知名度の低い小さな産地。以前はヌエバ・セゴビア県の一部でした。小規模に生産する、ライトで上品なコーヒーは大きな可能性を秘めています。

エステリ県

知名度は低いですが、味わいは本物です。ベルベットのような舌触りと花のアロマ、イエローフルーツの風味を持つ、バランスの取れた甘い味わいです。

マタガルパ県

抑制の効いた柑橘系の酸味、クリーミーなコク、花の風味、明確な甘みが特徴。国内屈指の味わいです。

凡例

⬛ コーヒーの
主な生産地区

生産地域

0 km　　　50

0 miles　　　50

ホンジュラス

ナッツとタフィーを思わせるソフトで控えめな酸味の豆から、強い酸味のケニア風の豆まで、中米でもひときわ対照的な風味が生まれています。

中米

雑味のない複雑な風味の豆を生む素質を持ちながら、インフラが乏しく、管理されたドライミルがないことがネックになっています。

3県の生産量が全体の半分以上を占め、小規模農園では主にパカスやティピカなどのアラビカ種を生産。有機栽培が基本で、ほぼすべてシェード栽培です。

国産のスペシャルティコーヒーを推進しようと、ホンジュラスコーヒー研究所は研修と教育に投資しています。

カリブ海

ニカラグア湖

ラ・セイバ

コロン県

コルテス県　アトランティダ県

・サン・ペドロ・スーラ

シエラ・リオ・ティント山脈

グラシアス・ア・ディオス県

コパン地域

ヨロ県

コパン県　サンタ・バルバラ県

ホ　ン　ジ　ュ　ラ　ス

アガルタ

・サンタ・ロサ・テ・コパン

シエラ・マドレ山脈

コマヤグア県

オランチョ県
フティカルパ

オコテペケ県　インティブカ

コマヤグア
フランシスコ・モラサン

レンピーラ県

モンテシージョス

セントラル地区

エル・パライソ

凡例

ガウテマラ

ラ・パス県

テグシガルパ

コーヒーの主な生産地区

生産地域

0 km　　　　50

0 miles　　　　50

モンテシージョス

ラ・パス県を中心に、コマヤグア県、インティブカ県、サンタ・バルバラ県にまたがる産地。国内屈指の標高に広がる農園では、明るい酸味と柑橘系の風味の、確かなコクの豆が育まれます。

バジェ県

チョルテカ

チョルテカ県

コパン地域

コパン県、オコテペケ県、コルテス県、サンタ・バルバラ県と、レンピーラ県の一部に広がる産地。ココアと重い甘みのフルボディコーヒーが特徴です。

アガルタ

オランチョ県とヨロ県にまたがる産地。一部の豆は、トロピカルフルーツ風味で甘く、強い酸味があり、ほのかにチョコレートを思わせます。

ホンジュラスのコーヒーの基本データ

世界の生産量に占める割合：**4%**

収穫期：**11月〜4月**

生産処理：**ウォッシュト**

主な種と品種：**アラビカ種** カトゥーラ、カトゥアイ、パカス、ティピカ

世界の生産量ランキング：**世界第6位**

パナマ

甘みとバランスの良さに加え、丸い口あたりと飲みやすさ
が特徴で、ときおり花や柑橘系の風味も感じられます。ゲ
イシャなどの珍しい品種は非常に高価です。

中米

　ほとんどの豆はチリキ県西部で生
産。理想的な気候と肥沃な土壌に加
え、バル火山の標高の高さが手伝って
実がゆっくりと熟します。この産地の主
流はカトゥーラやティピカといったアラ
ビカ種。小〜中規模の家族経営農園が
多く、優れた生産処理場と発展したイ
ンフラが整っています。

　ただし、開発で農地が脅かされてお
り、コーヒーの将来は油断できません。

ボルカン
国内屈指の標高。定期的な降雨と肥
沃な土壌で生まれる豆は、際立った
複雑さと甘さが特徴です。

コスタ
リカ

ボカス・
デル・トーロ県

レナシミエント

ボルカン　ボケテ

チリキ県　・ダビッド

チリキ湾

コロン

ガトゥン湖

コロン県

ノベ・
ブグレ自治区

中央山脈
パナマ

コクレ県

パナマシティ　・サン・ミゲリート

パナマ県　バヨノ湖

ワルガンディ・クナ自治区

サン
ブラス

パナマ湾

パール諸島

ダリエン湾

マドゥガンディ・
クナ自治区

エンベラ
自治区

ラ・パルマ　・

ダリエン県

エンベラ自治区

ベラグアス県
サンティアーゴ　・

チトレー　・
エレーラ県

アスエロ
半島

ロス・
サントス県

コイーバ

レナシミエント
最北の産地。アクセスが
悪く、知名度が低い国境
の地域です。農園の標高
は最高で海抜2,000m
に達し、雑味がなく酸味
の強い豆が大いに期待で
きます。

ボケテ
最も古く、最も有名な
産地。冷涼で霧がち
な環境で生まれる豆
には、世界屈指の高
値が付きます。風味
はココアからフルー
ツまでと幅広く、繊細
な酸味があります。

凡例
● コーヒーの
　主な生産地区

生産地域

0 km　　　50

0 miles　　　50

パナマのコーヒーの基本データ

世界の生産量に占める割合：**0.07%**
収穫期：**12月〜3月**
生産処理：**ウォッシュト、ナチュラル**
主な種と品種：**アラビカ種** カトゥーラ、カトゥアイ、ティピカ、
　　　　　　　　　　　　　ゲイシャ、ムンド・ノーボ

ロブスタ種（一部）
世界の生産量ランキング：**世界第36位**

世界各地のコーヒーたち

カリブ海および北米

メキシコ

スペシャルティコーヒー市場に徐々に姿を現し始めたメキシコ産。ソフトで甘く、マイルドでバランスの良い風味で人気上昇中です。

牛産量の70%が海抜400〜900mで栽培され、30万人を超えるコーヒー産業従事者の大半は、25ha未満の小規模農園を経営。低い収穫量、限られた財政支援、乏しいインフラに加え、技術サポートがほとんどないために、品質の向上に苦労しています。その一方で、スペシャルティコーヒーのバイヤーと、高品質豆の可能性を秘めた生産者が次第に結び付きつつあります。さらに、最高で海抜1,700mの高地で栽培する協同組合や農園も、生産者の人となりや複雑な風味をアピールした輸出を始めています。

生産はほぼすべてウォッシュトのアラビカ種（ブルボンやティピカなど）。収穫は毎年11月頃から低地で始まり、高地では3月頃に収穫が終わります。

苗床で育つコーヒーの木の苗
世界各地の一般的な手法と同じく、まずはシェードカバーで覆った苗床で生育します（P.16〜17を参照）。

メキシコのコーヒーの基本データ

世界の生産量に占める割合：**2.4%**
収穫期：**11月〜3月**
生産処理：**ウォッシュト、ナチュラル** (一部)
主な種と品種：**アラビカ種90%** ブルボン, ティピカ, カトゥーラ, ムンド・ノーボ, マラゴジッペ, カティモール, カトゥアイ, ガルニカ
ロブスタ種10%
世界の生産量ランキング：**世界第10位**

課題：収穫量が低い、財政・技術面の支援が限定的、インフラが乏しい

北米

凡例

コーヒーの
主な生産地区

生産地域

0 km　　　200
0 miles　　　200

コアウィラ州

モンテレイ

ヌエボ・
レオン州

ドゥランゴ州
ドゥランゴ州

タマウリパス州

サカテカス州

メキシコ

サン・ルイス・
ポトシ州

サン・ルイス・
ポトシ

ナヤリット州
テピク

アダアスカリエンテス州

グアナファト州
レオン

ケレタロ州
ケレタロ

イダルゴ州

グアダラハラ

ハリスコ州

コリマ州

モレリア

ミチョアカン州

メキシコ・シティ　トラスカラ州
トルーカ
メヒコ州　　　　　プエブラ
クエルナバカ　　　プエブラ州
モレロス州

ゲレーロ州

南シエラ・マドレ山脈

アカプルコ

オアハカ

オアハカ州

プエブラ州

4番目の規模の産地。最高で
海抜1,400mの高地で栽培さ
れる豆は、総じてソフトで繊
細な味わいで、ほのかにナッ
ツを思わせます。

チアパス州

ストーンフルーツ系の味わいとほのかなココ
ア風味の豆が生まれます。南東部の先にあ
る、国境に面した熱帯雨林で、メキシコ最大
の産地。知名度も国内トップです。

ベラクルス州

メキシコ湾沿岸の産
地。低地から高地まで
農園が広がり、多彩な
味わいや特徴の豆が生
まれます。

ベラクルス州

カンペチェ湾

テワンテペク地峡

トゥストラ

シエラ・マドレ山脈

チアパス州

タバスコ州

カリブ海

ユカタン海峡

メリダ
ユカタン州

ユカタン半島

カンペチェ

キンタナロー州

カンペチェ州

太平洋

オアハカ州

太平洋側の産地。最高で海抜1,700mの高地で
栽培される豆は、ミディアムボディ、チョコレート
とアーモンドの風味、繊細な酸味が特徴です。

プエルトリコ

最小の生産国の1つ。甘味と控えめな酸味がある、滑らかで丸い口あたりのコーヒーの中に、スギの木の香り、ハーブ、アーモンドの風味が感じられます。

　近年は、政治不安、気候変動、生産コスト高騰の影響で生産が落ち込んでいます。人手不足により、収穫されずに残るチェリーは推計で栽培量の50%近くに上ります。農園は、リンコンからオロコビスに至る中央西部の山々に広がります。海抜750〜850mでの栽培がほとんどですが、栽培に適した標高の高い場所もないわけではありません。たとえば、ポンセは最高で海抜1,338mに達します。

　メインは、ブルボン、ティピカ、パカス、カティモールなどのアラビカ種。生産量のうち国内で消費されるのは3割のみで、ドミニカ共和国やメキシコからの輸入豆を消費しています。輸出量はわずかです。

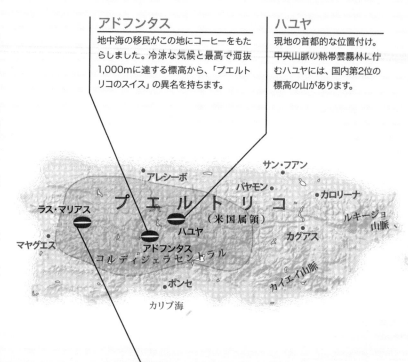

アドフンタス
地中海の移民がこの地にコーヒーをもたらしました。冷涼な気候と最高で海抜1,000mに達する標高から、「プエルトリコのスイス」の異名を持ちます。

ハユヤ
現地の首都的な位置付け。中央山脈の熱帯雲霧林に佇むハユヤには、国内第2位の標高の山があります。

ラス・マリアス
「柑橘フルーツの街」で知られるラス・マリアスはコーヒー栽培も盛んです。コーヒーツアーでは、古くからの大農園を多く目にすることができます。

プエルトリコのコーヒーの基本データ

世界の生産量に占める割合：**0.04%**

収穫期：**8月〜3月**

生産処理：**ウォッシュト**

主な種と品種：**アラビカ種** ブルボン、ティピカ、カトゥーラ、カトゥアイ、パカス、サルチモール、リマーニ、カティモール・ペディメント

世界の生産量ランキング：**世界第42位**

凡例

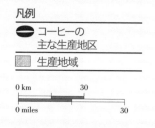

コーヒーの主な生産地区

生産地域

0 km　　　30
0 miles　　　30

ハワイ

バランスが良くクリーンで、繊細かつマイルドなミディアムボディの
コーヒーの中に、ミルクチョコレート風味や、繊細でフルーティな酸
味を感じます。アロマや甘味が特徴の豆もあります。

北米

栽培はティピカ、カトゥアイ、カトゥー
ラといったアラビカ種がメイン。ハワイ
産は巧みなマーケティングによって高
値で取引されますが、世界的にもこれだ
けの価値をうまく作り出せているコー
ヒーは珍しいです。その筆頭がコナコー
ヒーです。ハワイではコナ産を10％以
上含まないと「コナ」を名乗れない一
方、米国本土にはこうした規則はなく、
物議をかもしています。生産コストや人
件費が高いため、多くの工程で機械化
がかなり進んでいます。

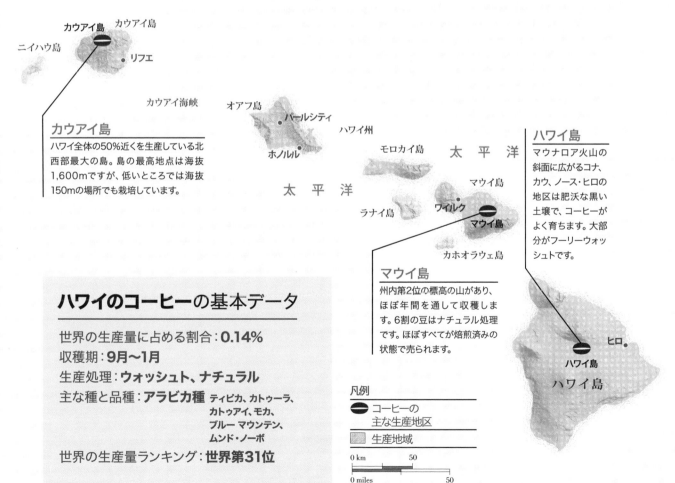

カウアイ島
ハワイ全体の50％近くを生産している北
西部最大の島。島の最高地点は海抜
1,600mですが、低いところでは海抜
150mの場所でも栽培しています。

マウイ島
州内第2位の標高の山があり、
ほぼ年間を通して収穫しま
す。6割の豆はナチュラル処理
です。ほぼすべてが焙煎済みの
状態で売られます。

ハワイ島
マウナロア火山の
斜面に広がるコナ、
カウ、ノース・ヒロの
地区は肥沃な黒い
土壌で、コーヒーが
よく育ちます。大部
分がフーリーウォッ
シュトです。

凡例
コーヒーの
主な生産地区
生産地域

ハワイのコーヒーの基本データ

世界の生産量に占める割合：**0.14％**
収穫期：**9月〜1月**
生産処理：**ウォッシュト、ナチュラル**
主な種と品種：**アラビカ種** ティピカ、カトゥーラ、
カトゥアイ、モカ、
ブルー マウンテン、
ムンド・ノーボ
世界の生産量ランキング：**世界第31位**

ジャマイカ

トップレベルのマーケティングで世界屈指の高値がつくジャマイカ産。甘みがありソフトでまろやかな豆は、ナッツ系の風味が感じられ、程よい口あたりです。

ジャマイカ産ではブルーマウンテン山脈の豆が最も有名です。最高級品の代名詞的なこの豆は、麻袋ではなく木樽で輸送。価格と品質が見合わないといういう意見も一部にあり、議論の分かれるところです。ティピカの栽培量も豊富です。

プランテーション
ブルーマウンテンに広がるコーヒー農園。ミネラル豊富な肥沃な土壌です。

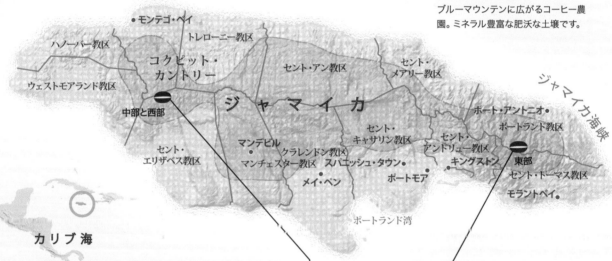

- モンテゴ・ベイ
- トレローニー教区
- ハノーバー教区
- コクピット・カントリー
- ウェストモアランド教区
- セント・アン教区
- セント・メアリー教区
- 中部と西部
- ジャマイカ
- ジャマイカ海峡
- セント・エリザベス教区
- マンデビル
- クラレンドン教区
- マンチェスター教区
- セント・キャサリン教区
- スパニッシュ・タウン
- ポート・アントニオ・ポートランド教区
- セント・アンドリュー教区
- キングストン
- 東部
- セント・トーマス教区
- メイ・ペン
- ポートモア
- モラントベイ
- ポートランド湾

カリブ海

中部と西部
ブルーマウンテンの名を冠さない地域でも、同じ品種が栽培されています。ただし、微気候が異なり低地栽培です（最高で海抜1,000m）。トレローニー、マンチェスター、クラレンドン、セント・アンにまたがる産地です。

東部
ブルーマウンテンの最高地点は2,256m。ポートランドとセント・トーマスにまたがっています。冷涼で霧がちな気候が形成され、コーヒー栽培に好適です。

ジャマイカのコーヒーの基本データ

世界の生産量に占める割合：**0.01%**
収穫期：**9月〜3月**
生産処理：**ウォッシュト**
主な種と品種：**アラビカ種** ティピカ（大部分）
ブルー マウンテン
世界の生産量ランキング：**世界第50位**

凡例

コーヒーの主な生産地区

生産地域

0 km 30
0 miles 30

ドミニカ共和国

微気候の異なる複数の産地を持ち、チョコレートやスパイス系のヘビーなものから、花の風味と明るい酸味の繊細なものまで、多彩な豆が育まれます。

　国内消費が多いため、輸出は少量です。低い価格とハリケーン被害によって、品質が低下してしまいました。栽培の大半は、ティピカ、カトゥーラ、カトゥアイなどのアラビカ種。品質向上に向けた取り組みが行われています。

収穫期
安定した気候や明確な雨季がないことから、収穫は年間を通して行われます。

カリブ海

イスパニョーラ島

モンテ・クリスティ県
プエルト・プラータ県
バルベルデ県
ダハボン県
サンティアーゴ・ロドリゲス県
サンティアーゴ県
エリアス・ピーニャ県
サン・フアン県
ハイチ
サン・フアン
ネイバ
エンリキージョ湖
バオルコ県
インデペンデンシア県
バラオナ県
バラオナ
ペデルナレス県

エスパイジャト県
マリア・トリニダード・サンチェス県
エルマーナス
ミラバル県
シバオ
サン・フランシスコ・デ・マコリス
ドゥアルテ県
セマナー
ラ・ベガ
ラ・ベガ県
サンチェス・ラミレス県
モンセニョール・ノウエル県
モンテ・プラータ県
サン・ホセ・デ・オコア県
サン・クリストーバル県
サント・ドミンゴ県
サント・ドミンゴ
アスア県
バルデシア
ペラビア県

ドミニカ共和国

アト・マヨール県
エル・セイボ県
エル・セイボ
サン・ペドロ・デ・マコリス県
サン・ペドロ・デ・マコリス
ラ・ロマーナ県
ラ・ロマーナ
ラ・アルタグラシア県

シバオ
低地の豆はフルボディの甘いナッツ系の風味。海抜1,500mにもなる高地の豆は、ライトボディのフルーティでフローラルな風味です。

ネイバ
バオルコ県の地域。ひときわ強いレモン風味とライトなボディが特徴です。収穫期は11月〜2月です。

バラオナ県
おそらく産地として最も有名な県。海抜600〜1,300mで育つ、フルボディで控えめな酸味のコーヒーは、チョコレートを思わせます。

凡例
● コーヒーの主な生産地区
▦ 生産地域

0 km　　50
0 miles　　50

ドミニカ共和国のコーヒーの基本データ

世界の生産量に占める割合：**0.26%**

収穫期：**9月〜5月**

生産処理：**ウォッシュト、ナチュラル**（一部）

主な種と品種：**アラビカ種** 大部分がティピカ。一部でカトゥーラ、カトゥアイ、ブルボン、マラゴジッペ

世界の生産量ランキング：**世界第25位**

キューバ

キューバ産は賛否両論があり、非常に高価。ヘビーボディのコーヒーには、控えめな酸味とバランスの良い甘味、土っぽいタバコの風味が感じられます。

コーヒーがもたらされたのは18世紀半ば。世界屈指の輸出国に成長していたものの、政治的混乱と経済活動の制限によって、南米諸国の後塵を拝しました。生産の大半はアラビカ種（ヴィジャロボスやイスラ6-14など）。キューバでは消費量が生産量を上回っており、わずかに輸出されるのみです。スペシャルティグレードを栽培できるのは国土の一部に限られますが、ミネラル豊富な土壌と気候は、大いなる可能性を感じさせます。

キューバの山脈
険しい山岳地帯は冷涼な気候で、十分な日照量があります。

ハバナ
西部
ハバナ州
マタンサス
アルテミサ州　マヤベケ州
ピナール・デル・リオ　マタンサス州　ビジャ・クララ州
サンタ・クララ
シエンフエーゴス州　シエゴ・デ・アビラ州
青年の島　シエンフエーゴス
サンクティ・スピリトゥス
中部
カリブ海
キューバ
カマグエイ
カマグエイ州
ラス・トゥーナス州　オルギン
オルギン州
バヤモ　サンティアーゴ・デ・クーバ州　グアンタナモ州
グアカナヤボ湾　グランマ州　グアンタナモ
マエストラ山脈　東部　グアンタナモ湾（米国領）
サンティアーゴ・デ・クーバ

西部
グアニグアニコ山脈にあるロスオルガノス山地やロザリオ山地は、国内最西部の産地。生物圏保護区の一部でもあります。味わいの傾向は、マイルドで力強く、ときおりスパイシーさが感じられます。

中部
エスカンブライ山脈とグアムアヤ山脈は80kmにわたって南側の海岸沿いにそびえ、海抜1,000m近い標高でも栽培が見られます。豆はおおむね、酸味は無いに等しく、ヘビーなコクとスギの香りがあります。

東部
マエストラ山脈とクリスタル山脈が南側の海岸沿いにそびえる地域。標高が国内で最も高く、トゥルキーノ山は海抜1,974mに達します。より複雑な味わいのスペシャルティコーヒーを生む最適な気候です。

キューバのコーヒーの基本データ

世界の生産量に占める割合：**0.07%**
収穫期：**7月〜2月**
生産処理：**ウォッシュト**
主な種と品種：**アラビカ種** ヴィジャロボス、イスラ6-14
　　　　　　　ロブスタ種（一部）
世界の生産量ランキング：**世界第37位**

凡例
⬤ コーヒーの主な生産地区
▒ 生産地域

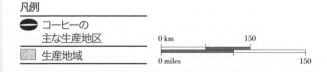

0 km　　　　150
0 miles　　　150

ハイチ

ほとんどがナチュラル処理。ナッツ系の風味でほのかにフルーティです。甘く柑橘系風味のウォッシュトも増えています。

　1725年にコーヒー栽培を開始。生産量が世界全体の半分に達していた時代もありました。政治的混乱と自然災害に阻まれ、今では産地が激減。熟練の小規模農家もほとんどいません。国内消費の多さも、状況を一層深刻にしています。ただ、2,000m級の標高と日陰が豊富な森林が生い茂り、大きな可能性を秘めてもいます。栽培品種はアラビカ種のティピカ、ブルボン、カトゥーラなどです。

カリブ海

トルチュ島

・ポールドペ

北西県

・カバイシャン

北県

イスパニョーラ島

北東県

ゴナイーヴ・

アルティボニット県

・アンシュ

ハ　イ　チ

ドミニカ共和国

ゴナーブ島

中央県

ポルトープランス・

アズウェイ湖

西県

・ジェレミー

グランダンス県

オ　ッ　ト　山　地

ニップ県

南県

南東県

・レカイ

ヴァッシュ島

・ジャクメル

アルティボニット県、中央県

北県ほどの生産量はありませんが、ベラデール、サヴァネット、プティ・リヴィエール・ラルティボニットは大きな伸びしろを持っています。

グランダンス県

17.5万の農家のうちの大半がこの最西部の県に集い、多くが小規模農園（〜7ha）を経営しています。

南県、南東県

南部の海岸沿いの特に国境付近は、高品質の豆を育む環境が整い、小規模の農園が多く集まっています。

ハイチのコーヒーの基本データ

世界の生産量に占める割合：**0.22%**

収穫期：**8月〜3月**

生産処理：**ナチュラル、ウォッシュト** (一部)

主な種と品種：**アラビカ種** ティピカ、ブルボン、カトゥーラ、カティモール、ヴィジャロボス

世界の生産量ランキング：**世界第28位**

凡例

 コーヒーの主な生産地区

生産地域

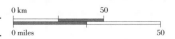

0 km　　　　　50

0 miles　　　　　50

抽出器具

エスプレッソマシン

ポンプの圧力が加わった蒸気がコーヒーを通過し、美味しい成分が抽出されます。正しく操作すれば、粘度のある少量のドリンク、エスプレッソが完成。甘味と酸味のバランスが取れた濃厚なショットです。マシンの使い方は P.46〜51 を参照のこと。

予熱時間
標準的なマシンは予熱に約20〜30分かかるので、抽出時は注意しましょう。

用意するもの

・細挽きの粉 (P.41を参照)

タンパー
これで粉を押し固めてすき間の空気を押し出し、コンパクトで均一に詰まった塊にします。粉が蒸気の圧力に耐えて、できるだけ万遍なく抽出されるようにします。スパウトでテーブルが凹むのを防ぐには、ゴム製のタンピングマットを敷きましょう。

フィルターバスケット
使う分の粉を入れる場所。クリップで留まっていて取り外しが可能です。さまざまなサイズがあるので、抽出時に使いたい粉量を変えられます。底面の小さな穴の数、形状、サイズによって、カップクオリティも変化します。

ポルタフィルター
これにフィルターバスケットを取り付けます。1、2個のスパウトが付いた、杓子のような形状。

圧力ゲージ
気圧の高さを売りにする家庭用のエスプレッソマシンも多いですが、そこまで高い必要はありません。業務用のマシンの場合、抽出は9気圧、スチームは1〜1.5気圧の設定が普通です。一部の機種では、「蒸らし」機能を使ってはじめに粉をゆっくりと湿らせてから、設定圧力で本抽出できます。

水温
90〜95℃で一番良い味が出ます。高めの温度の方が美味しい豆もあれば、低めが向いている豆もあります。

グループヘッド
ポルタフィルターを固定する場所。金属製のシャワースクリーンから噴射された蒸気が粉に染み込み、均一に抽出されます。

ボイラー
通常は1、2個のボイラーを内蔵。抽出用の熱湯やスチーミング用の蒸気のほか、その他の用途向けの熱湯もここで作られます。

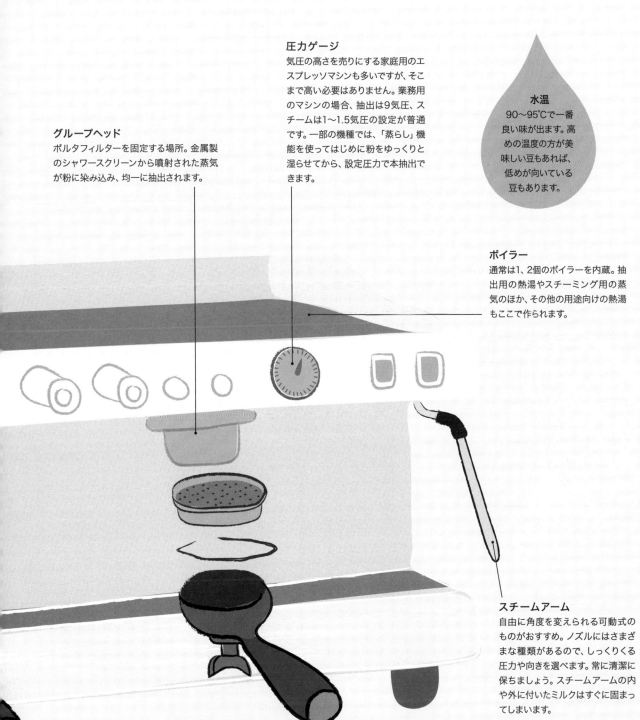

スチームアーム
自由に角度を変えられる可動式のものがおすすめ。ノズルにはさまざまな種類があるので、しっくりくる圧力や向きを選べます。常に清潔に保ちましょう。スチームアームの内や外に付いたミルクはすぐに固まってしまいます。

フレンチプレス

「カフェティエール」とも呼ばれるクラシックなフレンチプレスは、美味しいコーヒーを淹れる絶好の器具です。すぐに抽出できて使い方も簡単。粉を湯に浸してから、メッシュフィルターを押し下げるだけです。抽出液にはオイルと微粉が残り、豊かなコクが出ます。

用意するもの

- 粗挽きの粉（P.41を参照）
- デジタルスケール（粉と湯の割合を正しく計るため）

抽出方法

❶ お湯を入れてプレスを温め、お湯を捨てます。スケールでプレスを乗せ、ボタンを押して「0g」表示にします。

❷ 粉を入れてから再び「0g」表示にします。はじめは粉30gに対して湯500mlが良いでしょう。

❸ 適正な湯量と温度であることを確かめて、湯を注ぎます。90〜94℃が目安。

❹ 1、2回撹拌します。

❺ 4分置いてから、再び液面近くを優しく撹拌します。

❻ 液面の泡と微粉をスプーンですくいます。

❼ プレスにフィルターを乗せ、ゆっくりと押し下げて粉を底に集めます。抵抗が強すぎる場合は、粉の量が多すぎたか、メッシュが細かすぎたか、抽出時間が短かった可能性があります。

❽ その後さらに2分浸したら完成です。

掃除と手入れ

- 多くは食洗機対応。機種を確認のこと。
- 分解：詰まった粉やオイルを落とし、苦味や酸味の原因を取り除きます。

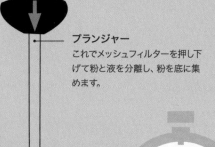

抽出時間
抽出は4分。プランジャーを下げた後にさらに2分置き、微粉が沈殿してから注ぎます。

プランジャー
これでメッシュフィルターを押し下げて粉と液を分離し、粉を底に集めます。

メッシュフィルター
使用後はネジを回して分解（ページ左の「掃除と手入れ」を参照）。

撹拌は2回
抽出前は粉を湯に浸すため、抽出後は沈めるため。

ペーパードリップ

ペーパーフィルターで抽出すると、マグカップやコーヒーサーバーに手軽に直接注げます。粉を捨てるのも簡単なので、掃除の手間も省けます。

ペーパーフィルター
微粉とオイルをこす場所。紙の味が出ることもありますが、漂白タイプをよくすすいで使えば、紙の味が和らぎます。

用意するもの

・中挽きの粉（P.41を参照）
・デジタルスケール（粉と湯の割合を正しく計るため）

抽出方法

❶ペーパーフィルターをしっかりとすすぎます。ドリッパーとサーバー（またはマグ）を湯で温め、湯を捨てます。

❷サーバーをスケールに乗せ、その上にフィルターを乗せたら、ボタンを押して「0g」表示にします。

❸フィルターに粉を入れたら再び「0g」表示にします。はじめは粉60gに対して湯1Lが良いでしょう。

❹少量の湯で粉を湿らせます（90〜94℃が目安）。30秒蒸らして、粉の膨らみを落ち着かせます。

❺適正量の湯を、ゆっくりと一度に（または何回かに分けて）注ぎます。湯がサーバーに落ちきったら完成です。

掃除と手入れ

・ほとんどのドリッパーは食洗機対応。
・手洗い：柔らかいスポンジと少量の洗剤で、オイルや微粉を洗い流します。

ドリッパー
マグやサーバーなど飲む容器の上に置きます。

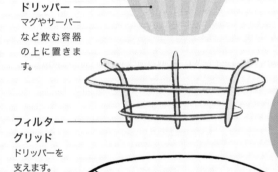

フィルターグリッド
ドリッパーを支えます。

湯の注ぎ方
粉が常に浸るように注ぐか、中央付近に注いで粉がフィルターの側面を上るようにします。やりやすい方法を探ってみましょう。

抽出時間
3〜4分で湯が落ちきるのが目安。適正な時間と好みの味になるように、メッシュや粉量を調節しましょう。

コーヒーサーバー
サーバーかマグに直接抽出します。

ネルドリップ

古くから伝わるコーヒーのろ過方法で、「布ドリップ」や「ソックドリップ」とも呼ばれます。ペーパーよりもネル派というファンがいるのは、紙ではこの味が出ないから。オイルが布を透過するので、リッチな質感が出るのも特徴です。

用意するもの

- 中挽きの粉（P.41を参照）
- デジタルスケール（粉と湯の割合を正しく計るため）

抽出方法

❶新品をおろすときは、しっかりと熱湯ですすぎ、汚れを落とすとともに予熱します。凍らせた場合は、これが解凍の役割も兼ねます。

❷フィルターの下に抽出容器を置きます。フィルターの上から湯をかけて容器を温め、湯を捨てます。

❸デジタルスケールに容器を乗せ、ボタンを押して「0g」表示にします。

❹フィルターに粉を入れます。粉15gに対して湯250mlが目安。

❺少量の湯（約90〜94℃）をかけて粉を湿らせます。30〜45秒蒸らして、粉の膨らみを落ち着かせます。

❻ゆっくりと一定のペースで一度に（または何回かに分けて）湯を注ぎます。湯が落ちきったら完成です。

掃除と手入れ

- 再利用が可能：粉を捨て、熱湯ですすぎます。洗剤はNG。
- 乾燥させない：濡れたまま凍らせるか、密閉容器に入れて冷蔵庫で保管。

湯の注ぎ方
フィルターの縁まで湯を注がないように注意。4分の3より上に行かないように、ゆっくりと注ぎます。

ネルフィルター

フィルターの役割
粉の上から湯を注ぐと、布で微粉がこされます。

抽出時間
3〜4分で湯が落ちきるのが目安。適正な時間と味になるように、メッシュや粉量を調節しましょう。

コーヒーサーバー

エアロプレス

手早く淹れられて、後片付けも簡単。フィルター抽出らしいコーヒーのほか、濃厚で濃密なコーヒーを淹れて湯で薄めるといった使い方もできます。メッシュ、粉量、押し方を簡単に調節できるので、非常に自由度が高い器具です。

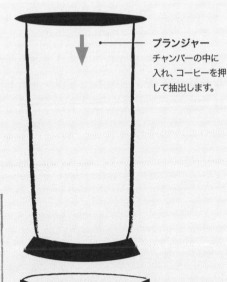

プランジャー
チャンバーの中に入れ、コーヒーを押して抽出します。

用意するもの

- 細挽き〜中挽き粉（P.41を参照）
- デジタルスケール（粉と湯の割合を正しく計るため）

抽出方法

❶ プランジャーをチャンバーに約2cm差し込みます。

❷ スケールにエアロプレスを逆さに置き、（プランジャーが下、チャンバーが上）ボタンを押して「0g」表示にします。しっかりと密閉し、倒れないように安定させます。

❸ 粉12gをチャンバーに入れ、再び「0g」表示にします。

❹ 湯200mlを入れ、倒さないように注意して撹拌します。30〜60秒置いてから再び撹拌します。

❺ ペーパーフィルターをキャップに取り付けて湯でよくすすいでから、チャンバーに固定します。

❻ 素早く優しくエアロプレスの上下を返してフィルターキャップを下にし、頑丈なカップやサーバーに乗せます。

❼ プランジャーをゆっくりと押し下げて抽出すれば完成です。

掃除と手入れ

- 分解：フィルターキャップを回して外し、プランジャーを最後まで押して粉をポンっと取り出して捨てます。
- 乾洗浄：しっかりすすいで洗剤で洗うか、食洗機を使います。

別の抽出方法

エアロプレスの上下を返さない方法もあります。空のエアロプレス（ペーパーフィルターをキャップにセットした状態）をサーバーに乗せます。粉を入れ、湯を注いだらすぐにプランジャーを乗せて、抽出液が落ちないようにします。

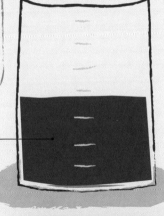

チャンバー
プランジャーによってコーヒーと湯に圧力がかかり、フィルターから押し出されます。

フィルターキャップ
ペーパーフィルターを取り付けてから、チャンバーに回して固定します。

サイフォン

見ていて楽しい淹れ方の筆頭格。抽出に時間はかかりますが、それも儀式の一部として魅力があります。

用意するもの

・中挽きの粉 (P.41を参照)

抽出方法

❶必要な杯数分のお湯 (沸騰直前) を下のフラスコに入れます。

❷上のロートの中にろ過器を落とし、ボールチェーンを管から引っ張ってフックを管の縁にかけます。チェーンがフラスコの底に触れるようにしてください。

❸管をゆっくりとフラスコに入れ、すき間ができるようにロートを少し傾けます。

❹火をつけ、沸騰し始めたらロートをフラスコにセットします。締め付けずに、すき間をなくすようにするだけでOK。ロートにお湯が上がってきます。一部はフラスコ内の管の下に残ります。

❺ロートが湯で満たされたら粉を入れ、数秒間撹拌します。粉15gに対して湯250mlが目安。

❻1分抽出します。

❼再び撹拌してから火をはずすと、抽出液がフラスコに吸引され始めます。

❽コーヒーがフラスコに落ちきったら、ロートをそっと取り外します。これで完成です。

掃除と手入れ

・ペーパーフィルター：ペーパーを捨て、ろ過器を洗剤で洗います。

・布フィルター：P.148の方法に従います。

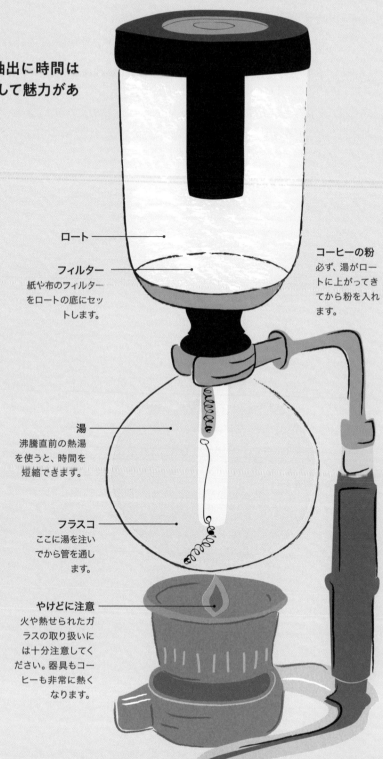

ロート

フィルター
紙や布のフィルターをロートの底にセットします。

コーヒーの粉
必ず、湯がロートに上がってきてから粉を入れます。

湯
沸騰直前の熱湯を使うと、時間を短縮できます。

フラスコ
ここに湯を注いでから管を通します。

やけどに注意
火や熱せられたガラスの取り扱いには十分注意してください。器具もコーヒーも非常に熱くなります。

マキネッタ

モカポットとも呼ばれます。蒸気圧を利用して作るコーヒーは、濃厚でシルクのような質感。一般的な認識と異なり、エスプレッソを作れるわけではありませんが、高温で抽出されるので力強い味わいになります。

用意するもの

・中挽きの粉（P.41を参照）

抽出方法

❶ボイラー内の圧力弁のちょうど下まで湯を入れます。

❷バスケットに粉を入れます（粉25gに対して湯500mlが目安）。押し固めずに、表面をならします。

❸ボイラーにバスケットをセットし、サーバーのネジを締めます。

❹ふたを開けたまま、中火にかけます。

❺湯が沸騰してコーヒーが出てくるのを確認します。

❻コーヒーが白くなりボコボコ言い始めたら、火から下ろします。

❼音が落ち着いたら完成です。

掃除と手入れ

・よく冷ます：30分ほど冷ますか、冷水で冷やしてから分解します。

・ぬるま湯とスポンジ：洗剤はNG。柔らかいスポンジかブラシとぬるま湯だけで十分です。

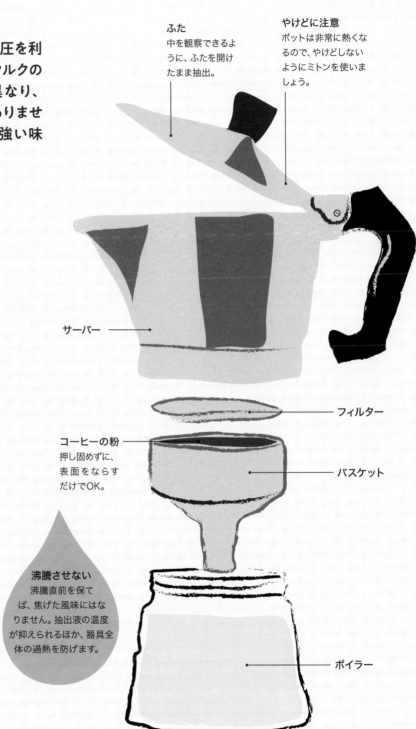

ふた
中を観察できるように、ふたを開けたまま抽出。

やけどに注意
ポットは非常に熱くなるので、やけどしないようにミトンを使いましょう。

サーバー

フィルター

コーヒーの粉
押し固めずに、表面をならすだけでOK。

バスケット

沸騰させない
沸騰直前を保てば、焦げた風味にはなりません。抽出液の温度が抑えられるほか、器具全体の過熱を防げます。

ボイラー

水出しコーヒー

冷水を使うことで酸味が抑えられます。抽出後に温めても美味。冷水では成分が抽出されにくいため、時間もかかるうえにウォータードリッパーも必要です。フレンチプレスに粉と水を入れ、冷蔵庫で一晩寝かせてからフィルターでこす方法もあります。

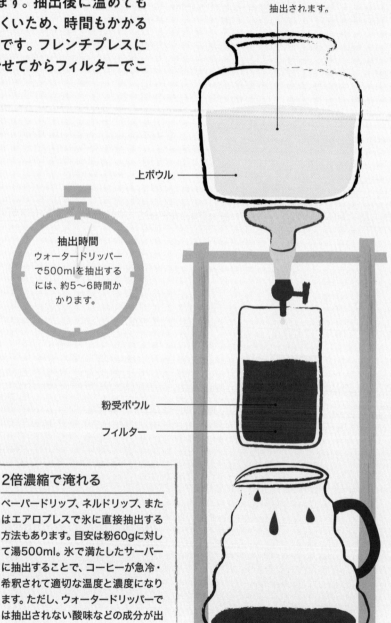

冷水
ゆっくりとしたたってコーヒーが抽出されます。

上ボウル

粉受ボウル

フィルター

用意するもの

・中挽きの粉（P.41を参照）

抽出方法

❶上ボウルのバルブを締め、冷水を入れます。

❷粉受ボウルをよくすすぎ、粉を入れます。粉60gに対して水500mlが目安。

❸軽く振って表面をならし、湿らせたフィルターを乗せます。

❹バルブを開けて少量の水で粉を湿らせてから、抽出を開始します。

❺2秒に1回（1分に30〜40回）のペースで落ちるようにバルブを調節します。

❻水が下のポットに落ちきったら完成。そのままでも、水や湯で薄めても、氷を足しても美味しくいただけます。

抽出時間
ウォータードリッパーで500mlを抽出するには、約5〜6時間かかります。

掃除と手入れ

・手洗い：取扱説明書を参照のこと。不明な場合は、柔らかい布で洗剤をつけずにぬるま湯で優しく洗います。布フィルターは水ですすぎ、冷蔵庫か冷凍庫に保管します。

2倍濃縮で淹れる

ペーパードリップ、ネルドリップ、またはエアロプレスで氷に直接抽出する方法もあります。目安は粉60gに対して湯500ml。氷で満たしたサーバーに抽出することで、コーヒーが急冷・希釈されて適切な温度と濃度になります。ただし、ウォータードリッパーでは抽出されない酸味などの成分が出る点に注意。

コーヒーメーカー

簡単な作りのコーヒーメーカーで淹れるのは楽しいとは言いがたい面もありますが、良質な豆と新鮮な水を使えば美味しく仕上がります。粉は簡単に捨てられるので、手入れが楽です。

抽出時間
4〜5分が目安。多く淹れすぎて余った場合は、予熱した保温容器に移し替えましょう。

用意するもの

・中挽きの粉（P.41を参照）
・予熱した保温容器（余ったコーヒーを入れる用）

抽出方法

❶コーヒーメーカーのタンクに新鮮な冷水を入れます。
❷フィルターをしっかりと湿らせてドリッパーにセットします。
❸フィルターに粉を入れ（粉60gに対して湯1Lが目安）、軽く揺すって表面をならします。
❹ドリッパーをコーヒーメーカーにセットし、抽出を開始します。抽出が終われば完成です。

掃除と手入れ

・浄水器の水を使う：湯垢が抑えられるので、加熱装置や配管をきれいに保てます。
・湯垢落とし：湯垢の蓄積防止には、湯垢用の洗剤がおすすめです。

ドリッパー

コーヒーサーバー

新鮮な水
浄水器やペットボトルの水なら、湯垢防止になり新鮮な風味が出ます。

カフェ・フィン

フィルターの自重で圧をかける手軽なベトナム式と、ネジで抽出圧を比較的自由にコントロールできる中国式があります。どのフィンも非常に使い勝手が良く、好みのメッシュと粉量で抽出できます。

抽出時間
約4～5分で湯が落ちきるのが目安。この時間から外れる場合は、メッシュや粉量を調節して時間を合わせます。

用意するもの

・細～中挽きの粉（P.41を参照）

抽出方法

❶ソーサーとカップをマグの上に置き、湯をかけて器具を温めます。マグに落ちた湯を捨てます。

❷カップに粉を入れ（粉7gに対して湯100mlが目安）、軽く揺すって表面をならします。

❸フィルターを上に乗せ、少し回して粉を平らにします。

❹湯の3分の1をフィルターの上から注ぎ、1分蒸らします。

❺残りの湯をフィルターの上から一度に注いだら、ふたをして保温します。ゆっくりとしたたるようにコーヒーが抽出されます。4～5分待てば完成です。

掃除と手入れ

・食洗機：ほとんどは食洗機対応。取扱説明書を確認のこと。
・手洗いも簡単：ぬるま湯と洗剤でも、金属製の器具に付着したオイルを落とせます。

ふた
抽出時の保温に使います。抽出後はカップの受け皿になります。

フィルター

カップ

ソーサー

マグ

イブリック

長い柄の付いた銅製のポットで、内側はスズメッキ。東欧や中東で人気が高く、ジェズベ、ブリキ、ラクワ、フィンジャン、カナカとも呼ばれ、厚みのある特徴的な質感になります。極細挽きの粉を独特の比率で湯と合わせて何度も加熱することで、リッチな味わいに仕上がります。

用意するもの

- 極細挽きの粉
  （P.41を参照）

抽出方法

❶ イブリックに冷水を入れ、中火にかけて沸騰させます。

❷ 火から下ろします。

❸ 粉を入れ（小さじ1に対して湯カップ1杯）、好みに応じてほかの材料も加えます。

❹ 撹拌して粉を溶かし、材料を湯に浸します。

❺ 火にかけ、ゆっくり撹拌しながら泡立つまで熱します。沸騰させないこと。

❻ 火からを下ろし、1分冷まします。

❼ 再び火にかけ、ゆっくり撹拌しながら泡立つまで熱します。ここでも沸騰させないこと。これを何度か繰り返します。

❽ 少量の泡をカップにとってから、ゆっくりと注ぎます。

❾ 数分置いたら完成です。カップの底の粉を飲まないように注意しましょう。

掃除と手入れ

- スポンジ：柔らかいスポンジかブラシを使い、ぬるま湯と洗剤で手洗いします。
- 注意：内側が黒ずむことがありますが、異常ではないのでこそぎ落とさないこと。

繰り返し加熱する
1回でも良いですが、数回繰り返すことで独特の厚みが生まれます。

柄
注ぐときは微妙な加減が必要。泡が壊れないように、ゆっくりと注ぎましょう。

ポット
粉に砂糖やスパイスを混ぜるのが伝統的。P.185のレシピも参照。

ナポリタン

古くからあるナポリ式のコーヒーメーカー。別名ナポレターナ。マキネッタほど有名ではありませんが、これを使っている家庭も世界中に多く存在します。マキネッタよりもやや粗挽きの粉を使い、蒸気の力を使わずに重力に任せて抽出する方式で、苦味が少し柔らかに仕上がります。

用意するもの

・中挽きの粉（P.41を参照）

抽出方法

❶ボイラー（注ぎ口の付いていない方のポット）の小さな穴のすぐ下まで水を入れます。

❷フィルター部を、フィルターを上にしてボイラーにセットします。

❸フィルター部に粉を入れ（水1Lに対して粉60gの割合）、フィルターカバーを締めます。

❹サーバー（注ぎ口が付いている方のポット）を上下逆さにしてセットします。ナポリタンを火にかけ、水を沸騰させます。

❺側面の小さな穴から蒸気とお湯が出てきたら、火から下ろします。

❻やけどに注意しながらハンドルを持ち、ナポリタンをひっくり返します。お湯が落ちてサーバーにコーヒーが抽出されます。

❼数分待ってからボイラーとフィルター部を取り外し、冷めないようにふたを乗せます。

掃除と手入れ

・ナポリタンの素材にもよりますが、マイルドな洗剤を使って食洗機か手で洗います。

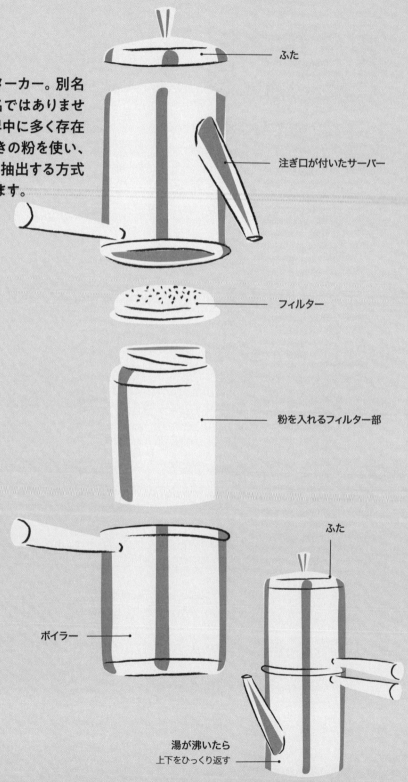

ふた

注ぎ口が付いたサーバー

フィルター

粉を入れるフィルター部

ボイラー

ふた

湯が沸いたら
上下をひっくり返す

カールスバーダー

二重構造の珍しい陶製フィルターを使う、ドイツの抽出器具。見た目が美しいだけでなく、使い方も簡単です。釉がけされた陶製フィルターを使うので、ペーパーや布と違って風味がダイレクトに抽出されます。オイルと微粉の両方を通すので、リッチでコクのある味わいが楽しめます。

用意するもの

・極細挽きの粉（P.41を参照）

抽出方法

❶ポットの上にフィルター部をセットします。
❷水1Lに対して60gの割合で粉を入れます。
❸中ぶたを乗せ、沸かしたての熱湯をゆっくりと注ぎます。
❹熱湯を適量注ぎ終えたらフィルター部を取り外し、冷めないようにふたをします。

掃除と手入れ

・陶製フィルターは繊細なので、マイルドな洗剤と柔らかいブラシか布を使って手洗いします。

ふた

中ぶた

陶製フィルター

豆の挽き加減
理想は、陶製フィルターの穴を通らないくらい粗く、かつ湯を適度にホールドできるくらい細かい粉です。さまざま挽き加減を試してみましょう。

ポット

レシピ

レシピを忠実に再現するには、以下の容量がおすすめです。
カップ：デミタス (90ml)、小 (120ml)、中 (180ml)、大 (250ml)。
マグ：小 (200ml)、中 (250ml)、大 (300ml)。
グラス：小 (180ml)、中 (300ml)、トール (350ml)。

カプチーノ

器具 エスプレッソ　ミルク 牛乳　温度 ホット　杯数 2

イタリアでは朝に飲むのが一般的ですが、今ではオールデイメニューとして世界中で親しまれています。多くのファンにとっては、カプチーノこそがコーヒーと牛乳の理想的なハーモニーです。

用意するもの

容器
カップ（中）×2
エスプレッソマシン
ミルクピッチャー
材料
細挽きの粉…16〜20g
牛乳…130〜150ml
お好みでチョコレートパウダーや
シナモンパウダー

1 マシンのカップウォーマーか、湯でカップを温めます。P.48〜49の手順に従って、各カップにシングルショット（25ml）を抽出します。

2 牛乳を60〜65℃にスチーミングします。ただし過熱しないこと。ピッチャーの底が触れないほど熱くなったときが、飲み心地の良い温度です（P.52〜55を参照）。

アドバイス

このレシピは2杯分ですが、シングル用のバスケットやポルタフィルターを使えば簡単に1杯分にできます。

カプチーノは、イタリアの朝食のドリンクという枠を超え、今では世界中で親しまれています。

3 各カップに牛乳を注ぎます。最初の一口のコーヒーの味わいが強くなるように、縁に沿ってクレマを残します。泡の層は1cmが目安です。

4 お好みで、シェーカーや粉ふるいを使ってチョコレートパウダーかシナモンパウダーを振りかけます。

カフェ・ラテ

🍳 器具 エスプレッソ　🍼 ミルク 牛乳　🌡 温度 ホット　📋 杯数 1

こちらも古くからイタリアで朝食のドリンクとして親しまれています。エスプレッソベースの中では最もマイルドで、ミルクの割合が多いレシピ。今ではオールデイメニューとして世界中で親しまれています。

牛乳

エスプレッソ

グラス（中）

1 マシンのカップウォーマーか、お湯でグラスを温めます。P.48〜49の手順に従って、カップに**シングルショット（25ml）**を抽出します。グラスがスパウトの下に収まらない場合は、代わりに小さめのピッチャーに抽出します。

2 牛乳210mlほどを60〜65℃にスチーミングします。ピッチャーの底が触れないほど熱くなったらOK（P.52〜55を参照）。

3 小さめのピッチャーにショットを抽出した場合は、グラスに移し替えます。ピッチャーをグラスの近くで持ち、ゆっくりと左右に振りながら牛乳を注ぎます。お好みでチューリップなどのラテアートを描きます（P.60を参照）。泡の層は5mmが目安です。

出し方：混ぜるためのスプーンを添えて、すぐに出しましょう。液面に泡の層をはっきりと残したい場合は、小さめのピッチャーにショットを抽出し、まずグラスに牛乳を注ぎ、後からエスプレッソを注ぎます。

ココアやナッツ系の風味がリッチな豆なら、スチームドミルクの甘みとの相性もばっちりです。

フラットホワイト

🗄 器具 エスプレッソ　🥛 ミルク 牛乳　🌡 温度 ホット　🏷 杯数 1

オーストラリアとニュージーランド生まれのドリンク。地域によってレシピはまちまちです。カプチーノに似ていますが、コーヒーのフレーバーが強く泡が少ないのが特徴で、複雑なラテアートを添えるのが一般的です。

牛乳 ——

エスプレッソ ——

カップ (中)

1 マシンのカップウォーマーか、湯でカップを温めます。P.48〜49の手順に従って、カップに**ダブルショット (50ml)** を抽出します。

2 **牛乳130ml**ほどを60〜65℃にスチーミングします。ピッチャーの底が触れないほど熱くなったらOK (P.52〜55を参照)。

3 ピッチャーをグラスの近くで持ち、ゆっくりと左右に振りながら牛乳を注ぎます (P58〜61の手順を参照)。泡の層は5mmが目安です。

出し方：すぐに出しましょう。長く置いておくほど、牛乳の光沢のある輝きが失われていまいます。

おすすめはフルーティな風味やナチュラル生産処理の豆。牛乳とのコラボで生まれる風味はまるでストロベリーミルクシェイクのようです。

ブレーヴェ

器具 エスプレッソ　　ミルク 牛乳　　温度 ホット　　杯数 2

定番ラテのアメリカ流アレンジ。一般的なエスプレッソベースのレシピにひねりを加え、牛乳と低脂肪クリーム（脂肪分 15% が理想）を 1:1 で混ぜたものを使うので、甘くてクリーミーな質感。デザート代わりにおすすめです。

用意するもの

容器
グラス（中）またはカップ（中）×2
エスプレッソマシン
ミルクピッチャー
材料
細挽きの粉…16〜20g
牛乳…60ml
低脂肪クリーム…60ml

1 マシンのカップウォーマーか、湯でカップを温めます。P.48〜49の手順に従って、各カップにシングルショット（25ml）を抽出します。

アドバイス
クリームが加わるとスチーミングの感覚も変わります。牛乳だけの場合よりも音が大きくなり、泡もあまりできません。

イタリア語で「簡潔」や「短い」を意味する
ブレーヴェは、クリームによって
ふわふわ濃厚なドリンクに仕上がります。

2 牛乳とクリームを混ぜ合わせ、60〜65℃にスチーミングします。ピッチャーの底が触れないほど熱くなったらOK（P.52〜55を参照）。

3 クレマと厚い泡の層が合わさるように、スチーミングした牛乳＆クリームをエスプレッソに注ぎましょう。

マキアート

🗂 器具 エスプレッソ　　ミルク 牛乳　🌡 温度 ホット　🏷 杯数 2

これもイタリアの定番。マキアートは、エスプレッソにミルクの泡で「染みを付ける」ことを意味し、飲めばほのかな甘さが広がります。カフェ・マキアートやエスプレッソ・マキアートとも呼ばれます。

用意するもの

器具
デミタスカップ×2
エスプレッソマシン
ミルクピッチャー
材料
細挽きの粉…16〜20g
牛乳…100ml

1 マシンのカップウォーマーか、湯でカップを温めます。P48〜49の手順に従って、各カップにシングルショット (25ml) を抽出します。

アドバイス
伝統的なイタリアン・マキアートではミルクの泡だけを使いますが、他国ではスチームドミルクの液体の部分も加えたバージョンも比較的よく見られます。

ミルクの泡を最小限に留めれば、
正真正銘イタリアン・マキアートの完成。
かすかな甘さが加わります。

2 牛乳を60〜65℃にスチーミングします。ピッチャーの底が触れないほど熱くなったらOK（P.52〜55を参照）。

3 各ショットのクレマの上に小さじ1、2杯分の泡をそっと置いたら完成です。

カフェ・モカ

🖥 器具 エスプレッソ　　ミルク 牛乳　🌡 温度 ホット　📇 杯数 2

コーヒーとダークチョコレートは不朽のコンビ。砕いたチョコや削ったチョコ、あるいは自家製や市販のチョコレートシロップをカフェ・ラテまたはカプチーノに加えれば、リッチでほのかに甘いデザートドリンクの完成です。

用意するもの

容器
グラス（トール）×2
ミルクピッチャー
エスプレッソマシン
小さいピッチャー
材料
ダークチョコレートシロップ…小さじ4
牛乳…400ml
細挽きの粉…32〜40g

2 牛乳を60〜65℃にスチーミングします。ピッチャーの底が触れないほど熱くなったらOK（P.52〜55を参照）。泡の層が1cm程度になるように、たっぷり空気を含ませます。

3 各グラスにスチームドミルクをそっと注ぐと、見事に2層に分かれます。

1 チョコレートシロップを計量し、グラスに注ぎます。

アドバイス
チョコレートシロップがない場合は、製菓用のダークチョコ数片か粉末状のホットチョコレートミックス大さじ数杯でもOK。少量のミルクで溶いて使えば、混ざりやすくダマになりません。

ダークチョコが最も一般的ですが、ミルクチョコを混ぜたりミルクチョコだけにすれば、さらに甘く仕上がります。

4 P.48〜49の手順に従って、ダブルショット（50ml）を小さめのピッチャーに抽出し、ミルクの泡の上から注ぎます。

5 エスプレッソとスチームドミルクが混ざり合ったら完成。柄の長いスプーンで材料を優しく溶かして混ぜながら楽しみます。

アドバイス
チョコの風味を均一にするには、牛乳とチョコレートシロップをピッチャーに合わせて一緒にスチーミングします。使用後はスチームノズルの内と外をしっかりと掃除しましょう。

カフェ・オ・レ

器具 フィルター　　ミルク 牛乳　　温度 ホット　　杯数 1

コーヒーとミルクを混ぜ合わせたフランスの朝食の定番ドリンク。バゲットを浸けられるように、口の広いボウルで出すのが伝統式です。ボウルを持って飲めば、冷えた朝にも手がぽかぽかに。

用意するもの

器具
ドリップかフィルター式の器具
小鍋
ボウル（大）
材料
濃いめのフィルターコーヒー…180ml
牛乳…180ml

1 ドリップかフィルター式の好みの器具でコーヒーを抽出します（P.146〜157を参照）。

コーヒーの選び方

本格的な味わいを楽しむなら、深煎り目の豆を。豆の表面にややオイルが出た、ほろ苦い豆を使うのがフランス流です。深煎りは、たっぷりの甘い牛乳との相性が抜群です。

アドバイス

カフェ・オ・レにはフレンチプレス（P.146）が最適と思いきや、多くのフランス人は濃厚に淹れられるマキネッタ（P.151）を使います。

コンロでゆっくりと温めた甘いミルクが、
濃厚な深煎りのフィルターコーヒーに
マッチします。

アドバイス

「何か浸けたいけど、伝統のフランス流のバゲットは乗り気しない」。そんなときはフランスらしく、ほろほろのクロワッサンやパン・オ・ショコラはいかがでしょう？

2 小鍋に牛乳を入れて中火にかけます。60〜65℃になるまで、3〜4分かけてゆっくりと温めます。

3 ボウルにコーヒーを注ぎ、温めた牛乳を適量注いだら完成です。味わって楽しみましょう。

エスプレッソ・コン・パンナ

🗋 器具 エスプレッソ　　ミルク クリーム 🌡 温度 ホット 🏷 杯数 1

コン・パンナはイタリア語で「クリームを添えて」の意。甘いホイップクリームは、カプチーノ、カフェ・ラテ、カフェ・モカなど、どんなレシピにもよく合い、見た目は華やかに、質感はベルベットのように滑らかに仕上がります。

用意するもの

器具
デミタスカップかグラス（中）
エスプレッソマシン
泡立て器
材料
細挽きの粉…16〜20g
クリーム（適量の砂糖を追加）

1 マシンのカップウォーマーか、湯でグラス（またはカップ）を温めます。P.48〜49の手順に従って、グラスにダブルショット（50ml）を抽出します。

アドバイス
質感を柔らかくしたい場合は、角が曲がる程度に泡立ててクレマに浮かべましょう。飲むほどに混ざり合い、ダブルショットが薄まっていきます。

クリームを添えるのはイタリアだけではありません。
ウィーンでは、カプチーノをホイップクリームで
ふたをすることもしばしばです。

2 小さめのボウルにクリームを入れ、泡立て器を使って、角が立つまでクリームを数分泡立てます。

3 ホイップクリーム大さじ1をダブルのエスプレッソに載せます。混ぜる用のスプーンを添えて出しましょう。

リストレットとルンゴ

器具 エスプレッソ　　ミルク なし　　温度 ホット　　杯数 2

通常のエスプレッソに代わる淹れ方に、リストレットとルンゴがあります。違いは粉を通過する湯量だけ。それぞれ抽出を途中で止める方法と、抽出時間を長くして抽出成分を増やす方法です。

用意するもの

器具
エスプレッソマシン
デミタスグラスかデミタスカップ×2
材料
細挽きの粉（1ショットあたり）…16〜20g

リストレット

上級者向けのエスプレッソ。エキスだけを抽出するので、濃厚で後味が長く続きます。

1 P.48〜49の手順に従って、各グラスやカップにシングルショット（25ml）を抽出します。

2 各グラスまたはカップの量が15〜20mlになったら抽出を止めます（15〜20秒が目安）。まったりとした質感と強いフレーバーのコーヒーエキスの出来上がりです。

アドバイス

お好みでメッシュを細かくまたは粉量を多くすれば、湯の流れが滞り、より多くの成分が溶け出します。ただ、苦味も増すので注意が必要です。

<u>リストレットは「制限」、ルンゴは「長い」という意味。意外にもリストレットの方がルンゴよりカフェインは少ないのです。</u>

ルンゴ

通常よりマイルドなエスプレッソ。湯量を増やして抽出します。

1 P.48〜49の手順に従って、各グラスやカップにシングルショット（25ml）を抽出します。

2 各グラスまたはカップに25ml抽出されても（25〜30秒経過しても）止めずに、50〜90mlになるまで抽出を続けます。通常よりも粉を通過する湯量が増えるため、よりマイルドで口あたりは軽く、渋味が強いコーヒーになります。

アドバイス

90mlのデミタスグラスやデミタスカップを使えば湯量が把握しやすく、湯を止めるタイミングを判断できるので、味を余計に薄めることがありません。

アメリカーノ

器具 エスプレッソ　ミルク なし　温度 ホット　杯数 1

第二次大戦中、ヨーロッパのエスプレッソを濃すぎると思った米軍の兵士が、ショットを湯で薄めて飲んだことから生まれました。フィルターコーヒー程の濃さですが、エスプレッソの味わいも感じられます。

用意するもの

器具
カップ (中)
エスプレッソマシン

材料
細挽きの粉…16〜20g

1 マシンのカップウォーマーか、湯でカップを温めます。P.48〜49の手順に従って、カップにダブルショット (50ml) を抽出します。

アドバイス

カップに湯を入れてから
ダブルショット (50ml) を注ぐ
方法もあります。クレマが液面に
浮かぶので、こちらの見た目
を好む人もいます。

アメリカーノは、エスプレッソのオイルと成分の質感を保ちながら、濃厚さを和らげます。

2 沸かした湯をそっと注ぎます。比率に正解はありませんが、まずはエスプレッソと湯を1：4にして、お好みで足していくのがおすすめです。

3 お好みでクレマをすくってもOK。苦味が抑えられ、すっきりとした味わいになります。湯を注ぐ前と後のどちらで取り除いても構いません。

ロマーノ

器具 エスプレッソ　ミルク なし　温度 ホット　杯数 1

材料をあれこれ加えなくても、エスプレッソのフレーバーにひねりを加えるのは簡単です。レモンピールを添えるだけで、ほのかに柑橘の風味が加わり爽やかな仕上がりに。納得のクラシックレシピです。

1 P.48〜49の手順に従って、カップに**ダブルショット (50ml)** を抽出します。

2 レモン1個を用意し、レモンデコレーターかレモンゼスターでレモンピールを作ります。

3 カップの縁で皮を軽くこすってから縁にかけます。

エスプレッソ

デミタスカップ

出し方：デメララ糖を適量加えて、すぐに出しましょう。

レッド・アイ

器具 フィルター＆エスプレッソ　ミルク なし　温度 ホット　杯数 1

今朝は何かシャキッとしない、カフェインのパンチを効かせて1日を乗り切りたい—そんなときにおすすめです。豊富なカフェインで元気が出ることから、「目覚まし時計」の愛称でも親しまれているレシピです。

1 中挽きの粉12gを、フレンチプレス (P.146)、エアロプレス (P.149)、または好みの器具で抽出します。抽出したコーヒー200mlをマグに注ぎます。

2 P.48〜49の手順に従って、小さいピッチャーに**ダブルショット (50ml)** を抽出します。

エスプレッソ

フィルターコーヒー

マグ (大)

出し方：フィルターコーヒーにエスプレッソを注ぎ、すぐに出しましょう。

クバーノ

☕ 器具 エスプレッソ　🥛 ミルク なし　🌡 温度 ホット　📇 杯数 1

「キューバショット」や「カフェチート」とも。キューバで人気の少量の甘いドリンクです。砂糖を加えてマシンにかけることで、滑らかで甘い仕上がりに。さまざまなコーヒーカクテルのベースになります。

砂糖入りの
エスプレッソ

デミタスカップ

1 エスプレッソ用に挽いた粉14〜18gとデメララ糖小さじ2を混ぜ合わせ、ポルタフィルターに入れます（P.48の手順1〜3を参照）。

2 そのままエスプレッソマシンにかけ、カップの半分ほどまで抽出したら完成です。

出し方：すぐに出しましょう。お好みで、アルコール入りのエスプレッソカクテルのベースにもできます（P.212〜217を参照）。

サッシー・モラセス

☕ 器具 エスプレッソ　🥛 ミルク なし　🌡 温度 ホット　📇 杯数 1

サッサフラスは、北米の東部や東アジアが原産の花を咲かせる果樹。樹皮のエキスは一般的にルートビアの風味付けに用いられます。レシピに使う場合は、サフロールを含まないものを選びましょう。

糖蜜入りの
エスプレッソ＋
サッサフラス

デミタスカップ

1 デミタスカップに糖蜜小さじ1を入れます。

2 P.48〜49の手順に従って、糖蜜の上にダブルショット（50ml）を抽出します。

出し方：サッサフラスの根のエクストラクト5滴をたらしてから、混ぜる用のスプーンを添えて出しましょう。

カフェ・トゥーバ：スパイスを効かせたコーヒー。セネガル内外で人気上昇中です。

カフェ・トゥーバ

器具 フィルター　　ミルク なし　　温度 ホット　　杯数 4

セネガルのスパイスコーヒー。聖都トゥーバが名前の由来です。生豆にコショウなどのスパイスを加えて焙煎し、すり鉢とすりこぎですりつぶしてから、ネルフィルターで抽出します。お好みで砂糖を加えても美味。

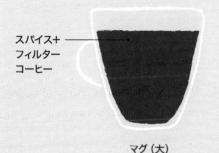

スパイス＋
フィルター
コーヒー

マグ（大）

1 生豆60g、ホールのセリム・ブラックペッパー小さじ1、クローブ小さじ1を中華鍋に合わせて中火で焙煎します。絶えず混ぜ続けましょう。

2 好みの焙煎度合いになったら（P.36〜37を参照）、豆を鍋から取り出し、混ぜながら冷まします。

3 豆とスパイスをすり鉢とすりこぎで細かくすりつぶします。粉をネルフィルターに入れ（P.148を参照）、コーヒーサーバーの上で持ち、**沸かした湯500ml**を注ぎます。

出し方：砂糖で甘みを付け、マグに注いで出しましょう。

スカンジナビアン・コーヒー

器具 フィルター　　ミルク なし　　温度 温かい　　杯数 4

卵を加えて抽出するちょっと変わったレシピ。卵のタンパク質が酸味と苦味の成分を結合させることで、ペーパーフィルターを使わずに淹れたコーヒーのボディはそのままに、マイルドに仕上がります。

卵＋コーヒー

マグ（大）

1 粗挽きの粉60g、卵1個、冷水60mlを混ぜ合わせてペースト状にします。

2 鍋に水1Lを入れて沸かします。1のペーストをゆっくりと混ぜながら加えます。

3 3分沸騰させたら、火から下ろします。冷水100mlを加え、粉が沈殿するのを待ちます。

出し方：茶こしか綿布でこしながらマグに注いだら完成です。

ブンナ エチオピアの「茶会」

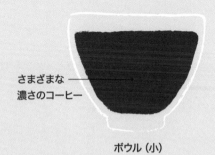器具 フィルター　　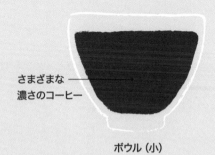ミルク なし　　温度 ホット　杯数 10

エチオピアで家族や友人との茶会のときに飲むコーヒー。乳香を炭火で焚きながら、豆を焙煎し、伝統的なポット「ジェベナ」で注ぎます。粉を3回抽出するので、3つの違った味わいを楽しめます。

さまざまな
濃さのコーヒー

ボウル（小）

1 生豆100gを鍋に入れて中火にかけます。絶えず混ぜながら、黒くなって油分が出てくるまで焙煎します。すり鉢とすりこぎで細かくすりつぶします。

2 ジェベナか鍋に水1Lを入れ、中火にかけて沸かします。挽いた粉を加えて混ぜ、5分浸します。

出し方：粉が出ないように10個のボウルに注いで出します（1煎目）。鍋に水1Lを足して沸かし、再びボウルに注いで出します（2煎目）。最後に、もう一度鍋に水1Lを足して同じ手順を繰り返します。最後は一番薄いコーヒーになります。

アイム・ユア・ハックルベリー

器具 フィルター　　ミルク なし　　温度 ホット　杯数 1

アイダホ州の州果のハックルベリーは、見た目も味もブルーベリー似。リンゴの栽培が盛んなことから、同州で飲む高品質コーヒーはリンゴ風味のものが多いです。州の文化に敬意を表して、リンゴとともに抽出します。

アップル
シロップ

ハックルベリー
シロップ

フィルターコーヒー

マグ（大）

1 ペーパードリップ（P.147）などの器具を使って、リンゴのスライス2〜3片とともに250mlのコーヒーを抽出します。ペーパードリップの場合は、粉の上にリンゴを乗せて湯を注ぎます。フレンチプレス（P.146）の場合は、プレスにリンゴと粉を入れて湯を注ぎます。

2 マグにコーヒーを注ぎ、ハックルベリーシロップ25mlとアップルシロップ大さじ1を加えます。

出し方：ライムのピールとリンゴのスライス数片を添え、シンプルシロップで甘みをつけて出しましょう。

カフェ・デ・オジャ メキシコ風味

器具 フィルター　　ミルク なし　　温度 ホット　　杯数 1

「オジャ」という土製のポットで淹れるメキシコのレシピ。オジャによって土の風味が加わります。オジャがない場合は、一般的な鍋で代用しても、豆の質感やオイルが抽出されてコクが増します。

甘味付けした
シナモン風味
のコーヒー

陶器製のマグ

1 水500ml、シナモンスティック2本、ピロンシージョまたはダークブラウンシュガー50gを鍋に入れ、中火にかけて沸騰させます。絶えず混ぜながら、シュガーが溶けきるまでふつふつと煮ます。

2 鍋を火から下ろし、ふたをして5分蒸らします。中挽きの粉30gを加え、さらに5分蒸らします。茶こしか綿布でこしながらマグに注ぎます。

出し方：シナモンスティックを添えて出しましょう。シナモン風味がさらに際立ち、おしゃれに仕上がります。

トルココーヒー

器具 フィルター　　ミルク なし　　温度 ホット　　杯数 4

イブリック、ジェズベ、ブリキなどと呼ばれる長い柄の付いたポット（P.155）で淹れます。小さめのデミタスカップに注ぎ、表面には泡の層を浮かせて、底に濃厚な粉が沈殿したまま出すのがトルコ流です。

フィルター
コーヒーと粉

デミタスカップ

1 水120mlと砂糖大さじ2をトルココーヒー用のポットまたは鍋に入れ、中火で沸かします。

2 火から下ろし、極細挽きの粉大さじ4を加えます。お好みで、カルダモン、シナモン、ナツメグなどを加え、混ぜて溶かします。

3 P.155の手順に従って抽出します。液面の泡を4つのボウルに取り分けてから、泡が壊れないようにそっとコーヒーを注ぎます。

出し方：数分置いて粉が沈殿してから出します。カップの底の粉を飲まないように注意しましょう。

マダ・アレイ：インド西部のマラティ
族から着想を得たコーヒー。

マダ・アレイ

🍼 器具 フィルター　　ミルク なし　　🌡 温度 ホット　　📋 杯数 2

ショウガ、ハチミツ、レモンの組み合わせは、寒気を感じたときにぴったりの処方箋です。少量のウイスキーを入れるとさらに効果的。マキネッタ（P.151）で淹れれば、小さめのグラス2杯分になります。

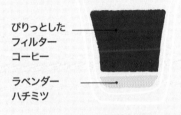

ぴりっとした
フィルター
コーヒー

ラベンダー
ハチミツ

グラス（小）

1 P.151の手順に従って、**粗挽きの粉32g**を300ml容量のマキネッタで抽出します。

2 2個のグラスに**ラベンダーハチミツ**を大さじ1ずつ入れ、1cm長さに切った**新鮮な根ショウガ**と**レモン1/2個分のレモンピール**を半量ずつ入れます。

3 **水250ml**を沸かします。2の材料の上から注ぎ、各グラスとも半分まで湯で満たします。1分蒸らします。

出し方：淹れたてのコーヒーを各グラスに75mlずつ注ぎます。かき混ぜてハチミツを溶かし、スプーンを添えて出しましょう。

コピ・ジャヒ　インドネシアのコーヒー

🍼 器具 フィルター　　ミルク なし　　🌡 温度 ホット　　📋 杯数 6

インドネシア語で「コーヒー・ショウガ」の意。新鮮なショウガと砂糖を加えて抽出するので、芳醇な香りが広がります。抽出時にシナモンやクローブなどのスパイスを加えれば、味わい豊かに仕上がります。

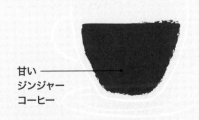

甘い
ジンジャー
コーヒー

カップ（大）

1 **中挽きの粉大さじ6**、**水1.5L**、**7.5cm長さの根ショウガのすりおろし**、**パームシュガー100g**（さらにお好みで**シナモンスティック2本**と**クローブ3粒**のいずれかまたは両方）を鍋に入れて中火にかけます。沸騰したら火を弱め、シュガーが溶けきるまで混ぜながらふつふつと煮ます。

2 ショウガの風味の抽出時間をお好みで調整し（5分くらいが目安）、火から下ろします。

出し方：綿布でこしながらカップ6杯に注ぎ、すぐに出しましょう。

バニラ・ウォーマー

器具 フィルター　　ミルク なし　　温度 ホット　　杯数 2

コーヒーに合うフレーバーを探すときに、単純にバニラだけを試す人はめったにいません。しかし、このレシピで使用したホールバニラビーンズのほか、粉末、シロップ、エッセンス、リキュールなど、種類が豊富なバニラは試しがいがあります。

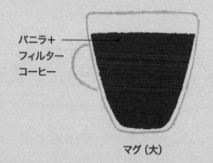

バニラ＋
フィルター
コーヒー

マグ（大）

1 **2本のバニラビーンズを割り**、**水500ml**を入れたバニラは鍋に加えて中火にかけます。沸騰したら火から下ろし、バニラビーンズを取り除き、**粗挽きの粉30g**を鍋に加えます。ふたをして5分蒸らします。

2 その間に、**バニラシロップ大さじ1**を、ペストリーブラシを使って2つのマグの内側に塗ります。

出し方：綿布でこしながらマグに注ぎ、バニラビーンズを入れて出しましょう。

サイフォン・スパイス

器具 フィルター　　ミルク なし　　温度 ホット　　杯数 3

サイフォン（P.150）はホールや粉末のスパイスを加えて抽出するのに最適です。シロップも加える場合は、紙か金属製のフィルターを使い、布フィルターはコーヒーの抽出用に取っておきましょう。

スパイス＋
フィルター
コーヒー

カップ（中）

1 **ホールのクローブ2粒**と**ホールのオールスパイス3粒**を標準的な360ml容量のサイフォンのフラスコに入れます。**水300ml**を加えます

2 **粉末状のナツメグ小さじ1/4**と**中挽きの粉15g**を混ぜておき、ロートに湯が上がってきたら加えます。コーヒーとナツメグを1分抽出したら、火をはずします。コーヒーがフラスコに吸引されていきます。

出し方：カップ3杯に注いで出しましょう。

カルカッタ・コーヒー

🍼器具 フィルター　🥛ミルク なし　🌡温度 ホット　🥛杯数 4

多くの地域では、コーヒーの代用品として、焙煎して挽いたチコリの根のハーブティーが飲まれています。粉末のメースとホールのサフランを少量加えて、エキゾチックにアレンジしたのがこのレシピです。

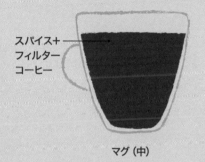

スパイス＋
フィルター
コーヒー

1 水1Lを鍋に入れます。**粉末状のメース小さじ1とサフラン少々**を加え、中火で沸かします。

2 火から下ろし、**中挽きの粉40gと中挽きのチコリ20g**を加えます。ふたをして5分蒸らします。

出し方：ペーパーフィルターでこしながらコーヒーサーバーに注ぎます。マグに注いで出しましょう。

マグ（中）

カイザー・メレンゲ オーストリアのコーヒー

📷器具 エスプレッソ　🥛ミルク ホイップクリーム　🌡温度 ホット　🥛杯数 1

オーストリアのレシピ。卵黄とコーヒーのコンビは北欧でも人気です。ハチミツと卵黄でまろやかな質感が生まれ、お好みでブランデーをたらせば、味わいに新たな一面が加わります。

ホイップ
クリーム

ハチミツ＋
卵黄

エスプレッソ

1 P.48〜49の手順に従って、カップに**シングルショット（25ml）**を抽出します。お好みで**ブランデー25ml**を加えます。

2 **卵黄1個とハチミツ小さじ1**を小さめのボウルに合わせます。エスプレッソの液面に浮くようにそっと注ぎます。

出し方：ホイップクリーム大さじ1をトッピングして、すぐに出しましょう。

グラス（小）

ココナッツ・エッグ・コーヒー

🍼 器具 フィルター 　🥛 ミルク なし 　🌡 温度 ホット 　📄 杯数 1

ベトナムのエッグコーヒーに着想を得たレシピ。コンデンスミルクの代わりにココナッツクリームを使うことで味わいに新たな一面が加わります。牛乳を消化できない乳糖不耐症の方にもぴったりです。

ココナッツ
＋卵黄

フィルター
コーヒー

グラス (中)

1 カフェ・フィン (P.154) またはフレンチプレス (P.146) でコーヒー120mlを淹れ、グラスに注ぎます。

2 卵黄1個とココナッツクリーム小さじ2を、泡立て器でふわふわになるまで混ぜ合わせます。スプーンですくってコーヒーに浮かせます。

出し方：デメララ糖を適量加え、スプーンを添えて出しましょう。

ハニー・ブロッサム

📇 器具 エスプレッソ 　🥛 ミルク 牛乳 　🌡 温度 ホット 　📄 杯数 1

ミツバチがさまざまな草花から栄養を採取して作るハチミツには、蜜の成分も一部含まれています。オレンジの花も彼らの蜜源の一つ。ここでは芳香蒸留水を使ってその風味を引き立たせます。

エスプレッソ

オレンジ
ブロッサム
ミルク

オレンジ
ブロッサム
ハニー

グラス (中)

1 ミルクピッチャーに牛乳150mlとオレンジブロッサムウォーター大さじ1を加え、60〜65℃にスチーミングします。ピッチャーの底が触れないほど熱くなったらOK (P.52〜55を参照)。泡の層は1cmが目安です。

2 オレンジブロッサムハニー大さじ1を空のグラスに入れ、1の牛乳を注ぎます。

3 P.48〜49の手順に従って、別のピッチャーにシングルショット (25ml) を抽出します。泡の下に入れるようにエスプレッソを注ぎます。

出し方：混ぜる用のスプーンを添えて出しましょう。ハチミツを溶かしながら楽しみます。

エッグノッグ・ラテ

器具 エスプレッソ　ミルク 牛乳　温度 ホット　杯数 1

クリスマスの定番エッグノッグの風味を最大限に生かした、何度でも飲みたくなるリッチな風味のラテです。市販品は生卵を含みませんが、手作りする場合は食中毒や加熱時の凝固に注意しましょう。

エスプレッソ

エッグノッグ・ミルク

カップ（中）またはグラス（中）

1 エッグノッグ150mlと牛乳75mlを鍋に加えて中火にかけ、絶えず混ぜながらゆっくりと温めます。沸騰させないように注意。温まったら、カップがグラスに注ぎます。

2 P.48〜49の手順に従って、小さめのピッチャーにダブルショット（50ml）を抽出し、1のエッグノッグ・ミルクに注ぎます。

出し方：おろしたてのナツメグを少量ふりかけて出しましょう。

ソイ・エッグノッグ・ラテ

器具 エスプレッソ　ミルク 豆乳　温度 ホット　杯数 1

牛乳を使わずにエッグノッグ・ラテを作る場合は、良質なブランドの豆乳とソイ・エッグノッグで代用します。ブランデーやバーボンを加えれば大人な味わいに。ナツメグの代わりにチョコを削っても美味です。

ソイ・エッグノッグ＋豆乳

エスプレッソ

カップ（大）

1 ソイ・エッグノッグ100mlと豆乳100mlを鍋に加えて中火にかけます。沸騰させないように注意。

2 P.44〜45の手順に従って、カップにダブルショット（50ml）を抽出します。

3 エスプレッソを抽出したカップに、1の温めたエッグノッグ・ミルクを注いで混ぜ合わせます。

出し方：お好みでブランデー少々を加え、すりおろしたナツメグをふりかけて出しましょう。

アフォガート

🗂 器具 エスプレッソ　　🥛 ミルク アイスクリーム　　🌡 温度 ホット＆アイス　　🏷 杯数 1

最もシンプルなエスプレッソベースのごちそうの１つ。アイスを沈めたエスプレッソは、どんな食事の締めくくりにもよく合います。卵不使用のアイスで軽めに仕上げたり、フレーバーアイスで変化をつけても美味。

エスプレッソ

バニラアイス

グラス（小）

1 **スプーン1杯のバニラアイス**をグラスに入れます。アイスクリームスクープできれいな球状にすると非常に美しく仕上がります。

2 P.48〜49の手順に従って、別の**カップにダブルショット（50ml）**を抽出し、アイスの上から注ぎます。

出し方：スプーンを添えて出しましょう。デザートとして食べても、アイスを溶かしながら飲んでも美味しいです。

アーモンドアフォガート

🗂 器具 エスプレッソ　　🥛 ミルク アーモンドミルク　　🌡 温度 ホット＆アイス　　🏷 杯数 1

乳糖不耐症の方はアーモンドミルクが最適です。アーモンドをミキサーにかけて水と適量の砂糖を加えて作るアーモンドミルクやアイスクリームは、手作りも簡単。出来立ての味を楽しみましょう。

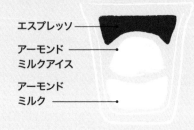

エスプレッソ

アーモンド
ミルクアイス

アーモンド
ミルク

グラス（小）

1 小さめのグラスに**アーモンドミルク25ml**を注ぎ、**スプーン1杯のアーモンドミルクアイス**をトッピングします。

2 P.48〜49の手順に従って、小さめのピッチャーに**シングルショット（25ml）**を抽出し、アイスの上から注ぎます。

出し方：シナモンパウダー小さじ1/2と刻んだアーモンド小さじ1を振りかけて出しましょう。

アーモンドアフォガート：牛乳不使用の
ごちそうレシピです。アレルギーの方は、ライス
ミルクとライスミルクアイスで代用。

アーモンド・イチジク・ラテ

器具 フィルター　　ミルク 牛乳　　温度 ホット　　杯数 1

イチジクは多くのレシピで風味付けに使われることはあっても、ドリンクの材料に使うことはほとんどありません。ここではアーモンドエッセンスと合わせることで、味わいに本物の奥深さが生まれます。

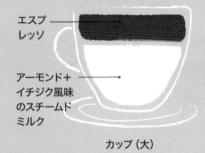

エスプレッソ

アーモンド＋
イチジク風味
のスチームド
ミルク

カップ（大）

1 牛乳250ml、アーモンドエッセンス小さじ1、イチジクシロップ5滴をピッチャーに合わせ、60〜65℃にスチーミングします。ピッチャーの底が触れないほど熱くなったらOK（P.52〜55を参照）。カップに注ぎます。

2 フレンチプレス（P.146）、エアロプレス（P.149）、または好みの器具で**コーヒー100ml**を淹れます。コーヒーの風味をよりはっきりと出したい場合は、濃さを2倍にします。

出し方：抽出したコーヒーを1の風味付けしたスチームドミルクに注いでサーブしましょう。

モチ・アフォガート

器具 エスプレッソ　　ミルク アイスクリーム　　温度 ホット　　杯数 1

冷たいアイスクリームをお餅の皮で包んだ、日本で人気のお餅アイスを使ったレシピ。乳糖不耐症の方は、ココナッツミルクアイスを求肥で包んだものとココナッツクリームを使ってみましょう。

エスプレッソ
＋ココナッツ
クリーム
代替案：
エスプレッソ
＋クリーム

お餅アイス

グラス（小）

1 お餅アイス1個をグラスに入れます。

2 P.48〜49の手順に従って、カップに**ダブルショット（50ml）**を抽出します。

3 クリーム50mlとエスプレッソを混ぜ合わせ、1のお餅アイスに注ぎます。

出し方：スプーンを添えてすぐに出しましょう。

ユアンヤン 香港のコーヒー

🍼器具 フィルター　🥛ミルク コンデンスミルク　🌡温度 ホット　📇杯数 4

紅茶とコーヒーを混ぜるのはなかなか思いつきませんが、紅茶とミックスするこのレシピはクリーミーで美味。もともとは屋台の定番だったユアンヤンも、今では香港の多くのレストランの人気メニューです。

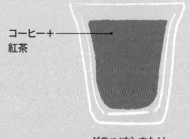

コーヒー＋
紅茶

グラス（中）または
マグ（中）

1 紅茶の茶葉大さじ2と水250mlを1L容量の鍋に合わせ、ふつふつと2分煮ます。

2 鍋を火から下ろし、茶葉を捨てます。コンデンスミルク250mlを加えて混ぜ、再び火にかけてさらに2分間ふつふつと煮たら、火から下ろします。

3 P.146の手順に従って、フレンチプレスでコーヒー500mlを淹れて、2の鍋に注ぎます。木ベラでよくかき混ぜましょう。

出し方：グラスまたはマグ4つに注ぎ、砂糖で甘みをつけて出しましょう。

カフェ・スア・ノン ベトナムのコーヒー

🍼器具 フィルター　🥛ミルク コンデンスミルク　🌡温度 ホット　📇杯数 1

ベトナム式ドリッパーを使わなくても作れますが、カフェ・フィンは手軽に淹れられ、すっきりとした味わいで、ブラックコーヒーに向いています。ここではコンデンスミルクで甘くクリーミーに仕上げます。

フィルター
コーヒー

コンデンス
ミルク

マグ（小）

1 空のマグにコンデンスミルク大さじ2を入れます。空のフィンのカップに中挽きの粉大さじ2を入れ（P.154）、軽く降って表面をならし、フィルターを乗せてネジを回します。ペーパードリップで淹れてもOK（P.147）。

2 水120mlを沸かし、その1/3をフィルターの上から注ぎます。1分蒸らして粉の膨らみが落ち着いたら、ネジを2回ほど回して緩め、残りの湯を注ぎます。5分ほどで湯が落ちきるはずです。

出し方：スプーンを添えて出しましょう。混ぜてコンデンスミルクを溶かしながら楽しみます。

ポット・オブ・ゴールド

🍼器具 フィルター　　🥛ミルク なし　　🌡️温度 ホット　　📋杯数 1

牛乳が苦手な方のために、ナッツやシード系のミルクなど、さまざまな乳糖不使用のミルクが売られています。以下では生卵を使ってまったりしたクリーム感を演出。金色に輝くカスタードが名前の由来です。

牛乳不使用
のホイップ
クリーム
卵感の
ある
カスタード

フィルター
コーヒー

マグ (小)

1 P.151の手順に従って、マキネッタで濃厚なコーヒー100mlを淹れます。

2 卵感のあるカスタードを作ります。卵1個を割って白身を取り除きます。**卵黄と乳糖不使用のカスタード大さじ2**を小さめのボウルに合わせます。**コーヒ 小さじ1**を加えて混ぜ合わせます。

出し方：マグにコーヒーを注ぎ、2の卵感のあるカスタードを乗せます。牛乳不使用のホイップクリームをトッピングし、お好みでバニラシュガーを振りかけて出しましょう。

ジンジャーブレッド・グロッグ

🍼器具 フィルター　　🥛ミルク シングルクリーム　🌡️温度 ホット　　📋杯数 6

寒い夜には、芳醇な香りのドリンクで美味しく体を温めましょう。作るのに数分かかりますが、待つ価値のある美味しさです。バターと砂糖のリッチな風味が、豪華な夕食の後のデザートの代わりにぴったり。

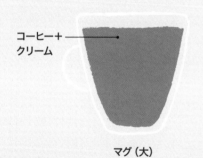

コーヒー＋
クリーム

マグ (大)

1 レモンとオレンジを1個ずつスライスし、同じ量ずつピールを作ります。

2 フレンチプレス (P.146) かコーヒーメーカー (P.153) で**コーヒー1.5L**を淹れます。

3 コーヒーをピッチャーに注ぎ、**シングルクリーム250ml**を加えます。このミックスを1のピールの上から注ぎます。

出し方：右のページのようにジンジャーブレッドバターを各マグに入れて出しましょう (小さじ1ずつが目安)。

ジンジャーブレッド・グロッグ：ジンジャーブレッドバターは、柔らかくした有塩バター大さじ2、ブラウンシュガー100g、粉末状のオールスパイス、ナツメグ、シナモン、クローブ各小さじ1/4、ラムエッセンス小さじ2を合わせて作ります。バターが溶けてスパイスが染み出せば、表面に小さな真珠に似た泡ができます。

マザグラン ポルトガルのアイスコーヒー

🅖 器具 エスプレッソ　　🥛 ミルク なし　　🌡 温度 アイス　　🥤 杯数 1

濃い目のコーヒーかエスプレッソで作るポルトガルのアイスコーヒー。氷の上から注いでレモンを加え、砂糖少々で甘みを付けます。隠し味にラム酒をたらすこともあります。

エスプレッソ ——

角氷 ——

グラス（小）

1 角氷3〜4個と、くし形に切った**レモン1片**をグラスに入れます。

2 P.48〜49の手順に従って、1の氷の上に**ダブルショット（50ml）**を抽出します。

出し方：お好みでシンプルシロップを適量加えて、すぐに出しましょう。

アイス・エスプレッソ

🅖 器具 エスプレッソ　　🥛 ミルク なし　　🌡 温度 アイス　　🥤 杯数 1

最も手っ取り早いのは氷の上に抽出する方法ですが、氷と混ぜてシェーカーで振ればきれいな泡ができます。味にコントラストを出すには、白糖、デメララ糖、マスコヴァドなど、いろいろ試してみましょう。

エスプレッソ ——

角氷 ——

グラス（小）

1 P.48〜49の手順に従って、小さめのカップに**ダブルショット（50ml）**を抽出し、お好みで砂糖を溶かし入れます。

2 カクテルシェーカーにエスプレッソを入れ、**角氷**をたっぷり加えて激しく振ります。

出し方：角氷で満たしたグラスにエスプレッソをこしながら注いだら完成です。

カスカラ・アイスコーヒー

器具 フィルター　　ミルク なし　　温度 アイス　　杯数 1

普通は焙煎した種子を使いますが、クティ、オハ、キシルなどの伝統的なコーヒーでは種子以外の部分を使います。ここではハイビスカスのようなカスカラ（乾燥させたコーヒーチェリー）で明るい味に仕上げます。

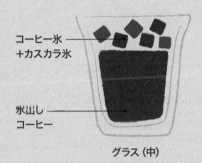

コーヒー氷
＋カスカラ氷

水出し
コーヒー

グラス（中）

1 カスカラ氷を用意するには、乾燥したカスカラで淹れたお茶を使います。そのお茶を製氷トレイに注ぎ、冷凍庫で凍らせます。同じ要領で、**フィルターコーヒー**をトレイに注ぎ、コーヒー氷を作ります。

2 P.152の手順に従って、ウォータードリッパーで**水出しコーヒー150ml**を淹れます。

3 カスカラ氷とコーヒー氷をカクテルシェーカーに合わせます。水出しコーヒーと乾燥したカスカラ小さじ1を加えて振ります。

出し方：グラスに注いですぐに出しましょう。

ルート・オブ・オール・グッド

器具 ノイルター　　ミルク なし　　温度 アイス　　杯数 1

ルートビアとコーヒーは、冷たいドリンクに合わせると特に美味しく仕上がります。ここでは、乳製品の代わりにココナッツクリームを使って、ルートビアに合わせる質感と甘さを出します。

水出し
コーヒー
クラッシュ
アイス
ココナッツ
クリーム
ルートビア
フレーバー

グラス（中）

1 P.152の手順に従って、ウォータードリッパーで**水出しコーヒー150ml**を淹れます。

2 市販の**ルートビアフレーバー50ml**とココナッツクリーム**50ml**をグラスに合わせます。

出し方：クラッシュアイスを入れて水出しコーヒーを注いだら完成です。ストローを添えて出しましょう。

スパークリング・エスプレッソ

 器具 エスプレッソ　 ミルク なし　 温度 アイス　 杯数 1

エスプレッソに炭酸水を加えるのはちょっと変わっていますが、今までにない驚きの味わいになること間違いなしです。急に混ぜ合わせると泡があふれることもあるので注意しましょう。

1 作り始める1時間前にグラスを冷凍庫に入れて冷やしておきます。

2 P.48〜49の手順に従って、小さめのピッチャーに**ダブルショット（50ml）**を抽出します。角氷で満たしたグラスに注ぎます。

出し方：泡があふれないように注意しながら炭酸水をゆっくりと注いだら完成です。

炭酸水 ──
エスプレッソ ──
角氷 ──

グラス（小）

スノー・ホワイト

器具 エスプレッソ　ミルク なし　温度 アイス　杯数 1

イチゴとリコリスという一風変わった組み合わせに、たっぷりの氷を加えて作ります。赤と黒の対照的な色合いが、白雪姫の唇と黒髪を思わせることからこの名前が付けられました。

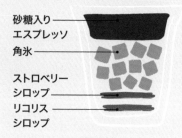

砂糖入り
エスプレッソ ──
角氷 ──

ストロベリー
シロップ ──
リコリス
シロップ ──

タンブラーグラス（中）

1 P.48〜49の手順に従って、小さめのピッチャーに**ダブルショット（50ml）**を抽出します。**白糖小さじ1**を溶かし入れます。カクテルシェーカーにエスプレッソと**角氷**を加えて激しく振ります。

2 **リコリスシロップ大さじ1**と**ストロベリーシロップ大さじ1**をタンブラーグラスに合わせ、**角氷**を加えます。

3 2の上にエスプレッソをこしながら注ぎます。クリーミーに仕上げたい場合は、エスプレッソを注ぐ前に、お好みで**よく冷えた牛乳50ml**を加えます。

出し方：スプーンを添えて出しましょう。全体をよく混ぜながら楽しみます。

スノー・ホワイト：クラッシュアイスを
使えば冷たさが長持ち。ただし、味が早く
薄まるので注意しましょう。

コーヒー・コーラ・フロート

器具 エスプレッソ　ミルク 豆乳アイス　　温度 アイス　杯数 1

美味しい豆乳アイスはたくさん売られているので、牛乳が苦手な方も定番のコーラフロートを楽しめます。コーラとコーヒーを混ぜるときは、泡でいっぱいにならないように注意しましょう。

コーラ

エスプレッソ

豆乳アイス

グラス (中)

1 グラスの底に**スプーン1杯の豆乳アイス**を入れます。

2 P.48～49の手順に従って、別のカップに**シングルショット (25ml)** を抽出し、アイスに注ぎます。そっとコーラを加えます。

出し方：スプーンを添えて出しましょう。

アイス・ラテ

器具 エスプレッソ　ミルク 牛乳　　温度 アイス　杯数 1

暑い日にぴったりの爽快レシピ。振ったり混ぜたり、甘味や風味を付けたりして、好みの濃さに仕上げましょう。カプチーノのコーヒー風味をより前面に出すには、牛乳を半量だけにします。

牛乳

エスプレッソ

角氷

グラス (中)

1 グラスの半分まで**角氷**を入れます。P.48～49の手順に従って、小さめのピッチャーに**シングルショット (25ml)** を抽出し、氷の上から注ぎます。

出し方：**牛乳180ml**を注ぎ、**シンプルシロップ**を適量加えましょう。

別の作り方：**シングルショット (25ml)** を抽出し、**角氷**とともにカクテルシェーカーに入れてよく振ります。グラスの半分まで**角氷**を入れ、**牛乳180ml**を注いで3/4まで満たします。冷えたエスプレッソをこしながらグラスに注いだら完成です。

ヘーゼルナッツ・アイス・ラテ

🅖 器具 エスプレッソ　🥛 ミルク ヘーゼルナッツミルク　🌡 温度 アイス　🥤 杯数 1

牛乳不使用のちょっと複雑なレシピ。さまざまなナッツミルクやシードミルクを合わせます。配分を変えれば、質感も自在にコントロールできます。砂糖の代わりに糖蜜を使うことで、よりいっそう奥深い味わいに。

糖蜜＋
エスプレッソ

ヘーゼル
ナッツミルク

角氷

豆乳カスタード

グラス（中）

1 P.48〜49の手順に従って、小さめのピッチャーに**ダブルショット（50ml）**を抽出し、**糖蜜小さじ2**を溶かし入れます。**角氷**とともにカクテルシェーカーに入れてよく振ります。

2 **豆乳カスタード大さじ2**を空のグラスに入れ、**角氷**を数個加えます。**ヘーゼルナッツミルク150ml**を注ぎます。

出し方：エスプレッソをこしながら注いで、スプーンを添えて出しましょう。

ライスミルク・アイス・ラテ

🅖 器具 エスプレッソ　🥛 ミルク ライスミルク　🌡 温度 アイス　🥤 杯数 1

牛乳よりも自然な甘さのライスミルク。スチーミングの泡立ちは芳しくないものの、むしろアイス・ラテには好都合です。ナッツエキスとの相性も抜群ですが、ベリー系のシロップもおもしろいです。

プラリネ＋
エスプレッソ＋
ライスミルク

グラス（中）

1 P.48〜49の手順に従って、小さめのピッチャーに**シングルショット（25ml）**抽出し、冷まします。

2 **エスプレッソ、ライスミルク180ml、プラリネシロップ25ml**をカクテルシェーカーに合わせます。**コーヒー氷（P.199、手順1参照）**を数個加えて、激しく振ります。

出し方：ダブルストレインしてグラスに注ぎ、ストローを添えてすぐに出しましょう。

アイス・モカ：暑い夏に純粋に爽快感を味わいたいときに。BBQ後の口直しにぴったりです。

アイス・モカ

🔲 器具 エスプレッソ　　ミルク 牛乳　🌡 温度 アイス　📄 杯数 1

アイス・ラテの派生版の人気レシピ。チョコレートシロップを使うことで、リッチで甘いテイストが生まれます。コーヒーの風味をもっと前面に出したい場合は、牛乳かチョコレートシロップの量を減らしてください。

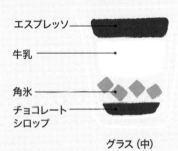

エスプレッソ ——
牛乳 ——
角氷 ——
チョコレート —— シロップ

グラス（中）

1 自家製または市販のチョコレートシロップ（ミルクまたはダーク）大さじ2をグラスに入れます。グラスを角氷で満たし、牛乳180mlを注ぎます。

2 P.48〜49の手順に従って、小さめのピッチャーにダブルショット（50ml）を抽出し、1の牛乳に注ぎます。

出し方：ストローを添えてすぐに出しましょう。ストローでかき混ぜてチョコレートシロップを溶かしながら味わいます。

カフェ・ス・ダ ベトナムのアイスコーヒー

🍼 器具 フィルター　　ミルク コンデンスミルク　🌡 温度 アイス　📄 杯数 1

ベトナム式のカフェ・フィンがない場合は、フレンチプレス（P.146）またはマキネッタ（P.151）を使います。作り方はカフェ・スア・ノン（P.195）とほぼ同じ。こちらの方が薄めですが、甘さとクリーミーさは変わりません。

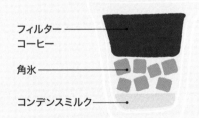

フィルター —— コーヒー
角氷 ——
コンデンスミルク ——

グラス（中）

1 空のグラスにコンデンスミルク大さじ2を入れ、角氷で満たします。

2 カフェ・フィン（P.154）のフィルターを外し、中挽きの粉大さじ2を入れます。軽く振って表面をならし、フィルターを載せてネジを回します。

3 フィンをグラスに乗せます。水120mlを沸かし、フィルターの上から1/4量を注ぎます。P.154の手順に従って、コーヒーを抽出します。

出し方：かき混ぜてコンデンスミルクを溶かしてから出しましょう。

ミルク・アンド・ハニー：牛乳氷
とコーヒー氷が、味が薄まるのを和ら
げます。

ミルク・アンド・ハニー

器具 フィルター　　ミルク 牛乳　　温度 アイス　　杯数 1

自然で芳醇な甘さのハチミツは、ホットにもアイスにもよく合います。ここではコーヒーを注ぐ前に入れますが、コーヒーの後に入れてもOK。牛乳氷は、製氷トレイに牛乳を注いで凍らせるだけで作れます。

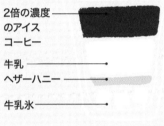

2倍の濃度
のアイス
コーヒー

牛乳

ヘザーハニー

牛乳氷

グラス（トール）

1 P.152の手順に従って、**コーヒー100ml（2倍の濃度）**を角氷に直接抽出して急冷します。

2 **牛乳氷3〜4個**をグラスに入れ、**バニラエクストラクト小さじ1/2、ヘザーハニー大さじ1、シナモンパウダー小さじ1/4**を加えます。

出し方：グラスに牛乳100mlを入れてから、コーヒーを注ぎます。混ぜる用のスプーンを添えて出しましょう。

ミルクアイスコーヒー

器具 エスプレッソ　　ミルク クリーム/牛乳　　温度 アイス　　杯数 1

コーヒーミルクシェイクを思わせる、クリーミーで滑らかなミックスドリンク。そのままでも、お好みの材料を好きなだけ足しても美味。よりさらっと仕上げるには、クリームの代わりに牛乳か低脂肪乳を使います。

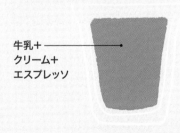

牛乳+
クリーム+
エスプレッソ

グラス（中）

1 P.48〜49の手順に従って、小さめのピッチャーに**シングルショット（25ml）**を抽出します。

2 ミキサーにエスプレッソを注ぎ、**角氷5〜6個、クリーム30ml、牛乳150ml**を加え、滑らかになるまで回します。

出し方：シンプルシロップを適量加えて、ストローを添えて出しましょう。

フラッペ・モカ

⌷器具 エスプレッソ　🍼ミルク 牛乳　🌡温度 アイス　📄杯数 1

ミルクアイスコーヒーのアレンジレシピ。チョコレートシロップを加え、エスプレッソの量を増やして味を調えます。マイルドに仕上げるならミルクチョコレートシロップを。ホワイトチョコレートシロップでも美味です。

ホイップ
クリーム

チョコ＋牛乳
＋エスプレッソ

グラス（中）

1 P.48〜49の手順に従って、小さめのピッチャーにダブルショット（50ml）を抽出します。

2 ミキサーにエスプレッソを注ぎ、牛乳180ml、自家製または市販のチョコレートシロップ大さじ2、角氷5〜6個を加え、滑らかになるまで回します。その後、シンプルシロップを適量加えます。

出し方：グラスに注ぎ、ホイップクリーム大さじ1をトッピング。ストローを添えて出しましょう。

チョコ・ミント・フラッペ

⌷器具 エスプレッソ　🍼ミルク 牛乳　🌡温度 アイス　📄杯数 1

夕食後のデザートにぴったりの、リッチでスムースなアイスドリンクです。ミントとチョコの美しいハーモニーを、エスプレッソが支えます。甘味料を適量加えて、チョコミントと一緒に召し上がれ。

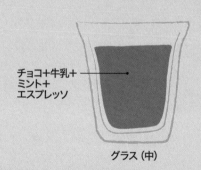

チョコ＋牛乳＋
ミント＋
エスプレッソ

グラス（中）

1 P.48〜49の手順に従って、小さめのピッチャーにダブルショット（50ml）を抽出します。

2 ミキサーにエスプレッソを注ぎ、角氷5〜6個、牛乳180ml、ミントシロップ25ml、自家製または市販のチョコレートシロップ大さじ2を加え、滑らかになるまで回します。その後、シンプルシロップを適量加えます。

出し方：グラスに注ぎ、削ったチョコとミントの葉を添えて出しましょう。可愛らしさを演出するには、クーペットグラスがおすすめです。

ヘーゼルナッツ・フラッペ

🔲 器具 エスプレッソ　🍼 ミルク なし　　🌡 温度 アイス　📄 杯数 1

牛乳の代わりになるヘーゼルナッツミルクは、コーヒーとの相性もよく、
手作りも簡単。バニラを足せば、全体の風味が美しくブレンドします。

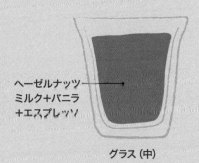

ヘーゼルナッツ
ミルク+バニラ
+エスプレッソ

グラス（中）

1 P.48〜49の手順に従って、小さめのピッチャーにダブルショット
（50ml）を抽出します。

2 ミキサーにエスプレッソを注ぎ、ヘーゼルナッツミルク200ml、角氷5
〜6個、バニラシュガー小さじ1を加え、滑らかになるまで回します。

出し方：グラスに注ぎ、ストローを添えて出しましょう。

オルチャータ・フラッペ

🍼 器具 フィルター　🍼 ミルク なし　　🌡 温度 アイス　📄 杯数 4

オルチャータとは、アーモンド、ゴマ、タイガーナッツ、米などで作るラテンアメリカのドリンク。
バニラとシナモンで風味付けしたものが一般的です。手作りしても、市販品を購入しても良いで
しょう。

ライスミルク+
オルチャータ+
フィルター
コーヒー

ワイングラス（小）

1 P.149の手順に従って、エアロプレスでコーヒー100ml（濃いめ）を淹れます。

2 ミキサーにコーヒーを注ぎ、オルチャータパウダー大さじ2、ライスミルク100ml、バ
ニラビーンズ2本分の種、シナモンパウダー小さじ1/2、角氷10〜15個を加え、滑らか
になるまで回します。

出し方：シンプルシロップを適量加えて、バニラビーンズまたはシナモンスティックを添えて
出しましょう。

コーヒー・ラッシー

⊞ 器具 エスプレッソ 🍼 ミルク ヨーグルト 🌡 温度 アイス 🥤 杯数 1

牛乳の代役を十分に果たせるヨーグルト。味にフレッシュさが加わるほか、クリームやアイスに似た質感が生まれます。このレシピでは、プレーンの代わりにフローズンヨーグルトを使うこともできます。

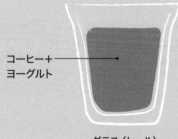

コーヒー＋
ヨーグルト

グラス（トール）

1 P.48〜49の手順に従って、小さめのピッチャーに**ダブルショット（50ml）**を抽出します。

2 ミキサーに**角氷5〜6個**を入れ、エスプレッソを注ぎます。冷めるまで待ちます。

3 ミキサーに**ヨーグルト150ml、バニラシロップ小さじ1、ハチミツ小さじ1、自家製または市販のチョコレートシロップ大さじ2**を加え、滑らかになるまで回します。

出し方：グラスに注ぎ、さらにハチミツを適量加え、ストローを添えて出しましょう。

アイスクリーム・ラム・レーズン

⊞ 器具 エスプレッソ 🍼 ミルク 牛乳 🌡 温度 アイス 🥤 杯数 1

ラムとレーズンの定番コンビを一番よく見かけるのはアイスクリームの風味としてですが、コーヒーとの相性も抜群。ナチュラル生産処理の豆の特性を語るときにどちらの風味もよく登場するのは、すでにご存知ですよね。

ラムレーズン
風味のコーヒー

グラス（中）

1 P.48〜49の手順に従って、小さめのピッチャーに**ダブルショット（50ml）**を抽出します。

2 ミキサーにエスプレッソを注ぎ、**牛乳120ml、ラムレーズンシロップ25ml、スプーン1杯のバニラアイス**を加え、滑らかになるまで回します。

3 シンプルシロップを適量加えて、グラスに注ぎます。

出し方：お好みでホイップクリームをトッピングし、ストローを添えて出しましょう。

まったりバニラ

器具 エスプレッソ　ミルク 牛乳　温度 アイス　杯数 1

コンデンスミルクを加えてミキサードリンクを作ると、濃厚な質感がプラスされ、まるでシルクを液体にしたかのような口あたりを楽しめます。甘さを控えるには、無糖練乳かシングルクリームで代用しましょう。

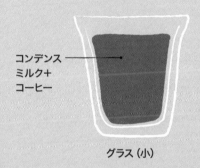

コンデンス
ミルク＋
コーヒー

グラス（小）

1 P.48〜49の手順に従って、小さめのピッチャーにシングルショット（25ml）を抽出します。

2 ミキサーにエスプレッソを注ぎ、牛乳100ml、コンデンスミルク大さじ2、バニラエクストラクト小さじ1、角氷5〜6個を加え、滑らかになるまで回します。

出し方：グラスに注いですぐに出しましょう。

モルト・ミックス

器具 エスプレッソ　ミルク 牛乳　温度 アイス　杯数 1

糖化性のないモルトパウダーは、甘味料としてドリンクに用いられます。ここではモルトで甘味を付け、まったりとした心地良い質感を出します。モルトミルクパウダーや、チョコレートモルトを使っても美味。

牛乳＋
モルト＋
エスプレッソ

ビアマグ

1 P.48〜49の手順に従って、小さめのピッチャーにダブルショット（50ml）を抽出します。

2 ミキサーにエスプレッソを注ぎ、スプーン1杯のチョコアイス、角氷5〜6個、牛乳150ml、モルトパウダー大さじ2を加え、滑らかになるまで回します。

出し方：マグに注ぎ、モルトミルクビスケットを別皿に添えて出しましょう。

コレット・アッラ・グラッパ

🖇 器具 エスプレッソ　🍶 ミルク なし　🌡 温度 ホット　📄 杯数 1

エスプレッソ・コレットは、スピリッツやリキュールで「補正」したエスプレッソのこと。グラッパ以外に、サンブーカ、ブランデー、コニャックを使うことも。普通はグラッパを注いで出しますが、別々に出してもOK。

グラッパ
エスプレッソ

デミタスカップ

1 P.48〜49の手順に従って、カップに**シングルショット（25ml）**を抽出します。

2 **グラッパ25ml**（またはお好みのスピリッツ）をエスプレッソの上から注ぎます。

出し方：すぐに出しましょう。

ロン・ドゥルセ

🖇 器具 エスプレッソ　🍶 ミルク ホイップクリーム　🌡 温度 ホット　📄 杯数 1

カラメルとコーヒーの息の合ったコンビに、クリーミーなドゥルセ・デ・レチェを加え、カルーアでコーヒー風味をさらにプラス。ラム酒を足して、温かみのある味わいに仕上げます。

ホイップ
クリーム
エスプレッソ
カルーア
ラム酒
ドゥルセ・デ・
レチェ

グラス（中）

1 **ドゥルセ・デ・レチェ大さじ1**をグラスに入れます。**ラム酒25ml**と**カルーア大さじ1**を加えます。

2 P.48〜49の手順に従って、小さめのピッチャーに**ダブルショット（50ml）**を抽出し、1のグラスに注ぎます。

3 **ホイップクリーム25ml**を角が曲がる程度まで泡立てます。

出し方：スプーンの背を使ってすべらせるようにクリームをトッピングしたら完成です。

ラスティ・シェリダンズ

🧊 器具 エスプレッソ　ミルク なし　🌡 温度 ホット　📋 杯数 1

ドランブイのカクテル、ラスティ・ネールに着想を得たレシピ。ウイスキーがメインですが、シェリダンズで甘味を付けてコーヒー風味を強調します。エスプレッソをレモンピールで香味付けすれば、明るい仕上がりに。

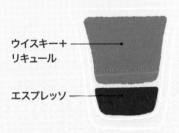

ウイスキー＋リキュール
エスプレッソ

グラス (小)

1 P.48〜49の手順に従って、グラスに**シングルショット (25ml)** を抽出します。

2 **ドランブイ25ml、シェリダンズ25ml、ウイスキー50ml**をピッチャーに合わせます。エスプレッソのクレマが表面に上がってくるように、グラスにゆっくりと注ぎます。

出し方：レモンピールを添えて出しましょう。

アイリッシュ・コーヒー

🍼 器具 フィルター　ミルク クリーム　🌡 温度 ホット　📋 杯数 1

ジョー・シェリダンが 1942 年に考案した、世界で最も有名なコーヒーカクテル。「友好の握手のように強い」コーヒーと「わが国のウィットのように滑らかな」アイリッシュウイスキーに、砂糖とクリームを合わせます。

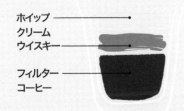

ホイップ
クリーム
ウイスキー
フィルター
コーヒー

アイリッシュ・コーヒー・グラス

1 P.147の手順に従って、ペーパードリップで**コーヒー120ml (濃いめ)** を淹れます。

2 コーヒーと**ブラウンシュガー小さじ2**をグラスに入れ、シュガーが溶けきるまで混ぜます。

3 **アイリッシュウイスキー30ml**を注ぎ、かき混ぜます。**クリーム30ml**を角が曲がる程度まで泡立てます。

出し方：スプーンの背を使ってすべらせるようにしてコーヒーにクリームを浮かべたら完成です。

コニャック・ブリュロ

器具 フィルター　　ミルク なし　　温度 ホット　　杯数 1

ニューオーリンズの伝統的なカフェ・ブリュロをコニャックかブランデーでアレンジ。禁酒法時代にアントワーヌズで考案されたカフェ・ブリュロは、柑橘とスパイスで巧妙にアルコールを隠しました。

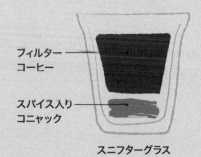

フィルター
コーヒー

スパイス入り
コニャック

スニフターグラス

1 コニャック30mlをグラスに注ぎ、ブランデーウォーマーで温めながら作ります。ブラウンシュガー小さじ1、シナモンスティック1本、クローブ1個、レモンピール 1片、オレンジピール1片を加えます。

2 フレンチプレス (P.146)、エアロプレス (P.149)、または好みの器具でコーヒー約150mlを淹れ、グラスに注ぎます。スニフターの角度の関係でコーヒーがあふれてしまう場合は、ブランデーウォーマーから降ろしてから注ぎます。

出し方：シナモンスティックで混ぜてシュガーを溶かし、ほかの成分も抽出されたら完成です。

エスプレッソ・マルティーニ

器具 エスプレッソ　　ミルク なし　　温度 アイス　　杯数 1

上品なドリンク。クレーム・ド・カカオなどのチョコのリキュールで甘さを足しても足さなくても美味です。クレーム・ド・カカオを使いたくない場合は、カルーアの量を倍にしましょう。

リキュール＋
エスプレッソ

マルティーニグラス

1 P.48〜49の手順に従って、小さめのピッチャーにダブルショット (50ml) を抽出します。少し冷まします。

2 エスプレッソ、クレーム・ド・カカオ大さじ1、カルーア大さじ1、ウォッカ50mlをカクテルシェーカーに合わせます。角氷を入れ、しっかりと振ります。先にエスプレッソとリキュールを混ぜておくことで少し冷めるため、氷があまり溶けなくてすみます。

出し方：ダブルストレインしてグラスに注ぎ、泡にコーヒー豆3粒を浮かべて出しましょう。

グラン・ショコラ

📋 器具 エスプレッソ 　🥛 ミルク なし 　🌡 温度 アイス 　📄 杯数 1

チョコとオレンジの古典的なコンビにバーボンとエスプレッソを合わせます。その複雑な香りは、夕食後の定番になること請け合いです。単に角氷を除けば、ホットでも出せます。

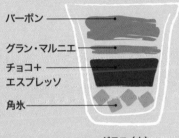

バーボン ─
グラン・マルニエ ─
チョコ＋ ─
エスプレッソ
角氷 ─

グラス（小）

1 P.48〜49の手順に従って、小さめのピッチャーに**ダブルショット（50ml）**を抽出し、自家製または市販のチョコレートシロップ小さじ1を溶かし入れます。

2 グラスに**角氷4〜5個**を入れ、そこに**1**を注ぎます。混ぜてエスプレッソを冷ましてから、**グラン・マルニエ大さじ1**と**バーボン50ml**を加えます。

出し方：オレンジピール1片を添えて出しましょう。

ラミー・カロランズ

📋 器具 フィルター 　🥛 ミルク なし 　🌡 温度 アイス 　📄 杯数 1

甘くて身体が温まるドリンクを、しかもコールドで。まさにそんなリクエストに応えるのが、ラム酒とカロランズを合わせ、ティア・マリアでコーヒー風味を強調したこのレシピ。爽快で心地良い仕上がりになります。

ティア・マリア ─
＋カロランズ
のコーヒー
カクテル

角氷 ─

グラス（中）

1 ソーサーに**ラム酒**少々、別のソーサーに**砂糖**を出します。グラスの飲み口をラム酒に浸けて濡らしてから、砂糖に浸けておきます。

2 フレンチプレス（P.146）、エアロプレス（P.149）、または好みの器具で**コーヒー75ml**（2倍の濃度）を**角氷**に直接抽出して急冷します。

3 カクテルシェーカーにコーヒーを注ぎ、**ティア・マリア大さじ1**、**カロランズ大さじ1**、**ラム酒25ml**、砂糖適量を加え、よく振ります。

出し方：グラスを角氷で満たし、ダブルストレインして注いだら完成です。

ポート・カシス：冷凍庫でグラスを
1時間ほど冷やして作れば、ひんやりが
持続。

ポート・カシス

📷 器具 エスプレッソ　　ミルク なし　　🌡 温度 アイス　　📋 杯数 1

ポートワインのようなフォーティファイドワインはコーヒーと見事にマッチします。同じフルーツ風味の豆で淹れたエスプレッソは特に相性良好。クレーム・ド・カシスで甘さを加えて全体を整えます。

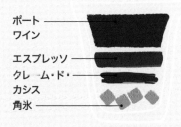

ポート
ワイン

エスプレッソ

クレーム・ド・
カシス

角氷

スニフター

1 スニフターに角氷4〜5を入れ、**クレーム・ド・カシス25ml**を注ぎます。

2 P.48〜49の手順に従って、スニフターに**シングルショット（25ml）**を抽出し、混ぜて冷まします。**ポートワイン75ml**をゆっくりと注ぎます。

出し方：**ブラックベリー1個**をあしらって出しましょう。

おすすめの豆：フルーツやワインの風味がある良質なケニア産なら、ベリーやポートワインとよく合います。

コールド・キルシュ

📷 器具 エスプレッソ　　ミルク なし　　🌡 温度 アイス　　📋 杯数 1

ガトー・ド・フォレノワールをドリンクにしたような風味。ダークチョコトリュフやリッチなチョコアイスを添えても OK。エスプレッソをしっかり冷やしてから卵白を加え、ダブルストレインしてクリーミーな質感に。

コニャック+
ブランデー+
エスプレッソ

ゴブレット

1 カクテルシェーカーに**角氷**を入れます。P.48〜49の手順に従って、そこに**ダブルショット（50ml）**を抽出し、冷やします。

2 **コニャック25ml**、**チェリーブランデー25ml**、**卵白小さじ2**をシェーカーに加えてよく振ります。ダブルストレイン（二重濾し）してゴブレットに注ぎます。

出し方：シンプルシロップを適量加えて出しましょう。

用語集

アラビカ種
商業用に栽培されている2種のうちの1つ（「ロブスタ種」も参照）。ロブスタ種より高品質です。

ウォッシュト
水槽に浸して洗うことで外皮からミュシレージまでを除去し、パーチメントコーヒーを天日干しする生産処理方法。

ガス抜き
焙煎時に作られた二酸化炭素を放出するために、豆を寝かせること。

カッピング
コーヒーのテイスティングと評価のこと。

カフェイン
コーヒーに含まれる物質。注意力が高まります。

生豆
焙煎前の生のコーヒー豆。

クレマ
エスプレッソの液面にできる泡の層。

コーヒーチェリー
コーヒーの木の果実。外皮の中にミュシレージ、パーチメント、種子（通常は2粒）などがあります。

コモディティ市場
ニューヨーク、ブラジル、ロンドン、シンガポール、東京のコーヒー取引所。

栽培品種
商業用に人工的に栽培している品種（「品種」も参照）。

ソジェスタル
ブルンジのウォッシングステーションの管理組織。ケニアの協同組合に当たります。

タンピング
エスプレッソマシンのフィルターバスケットに挽いた粉を詰めること。

チャフ
コーヒー豆を包む薄皮。焙煎後も部分的に残る。

抽出
淹れるときにコーヒーの可溶性成分が湯に溶け出す過程。

デミタス
「1/2カップ」のことで、普通は取手の付いたエスプレッソカップ（90ml）を指します。

ドース
湯での抽出に使うコーヒーの分量。

トレーサビリティ
コーヒーの原産国、生産者、情報、背景などを証明できること。

ナチュラル
天日干しでコーヒーチェリーを乾燥させる生産処理方法。

バー
フィルター用やエスプレッソ用に豆を粉砕する、ミル内の円盤型の部品。

ハイブリット
アラビカとロブスタの交配品種。

パルプトナチュラル
外皮と果肉を除き、ミュシレージは残したままコーヒーチェリーを乾燥させる生産処理方法。

ピーベリー
通常は1つのチェリーに種子2つのところ、まれに1つだけできる丸い種子。

品種
種（アラビカ種など）の下位に属す分類学上の階級で、差異が特定できるもの。

ベネフィシオ
スペイン語で生産処理場（ウェットやドライ）の意。

ポテトフレーバー
一種のバクテリアによってコーヒーの味の中に出現する生のジャガイモの風味。

水出しコーヒー
ウォータードリッパーと冷水で淹れるコーヒー。

ミュシレージ
コーヒーチェリー内にあり、パーチメントコーヒーを包む甘い粘着性の果肉。

ロブスタ種
商業用に栽培されている2種のうちの1つ（「アラビカ種」も参照）。カネフォラ種の中で栽培量が最も多い種で、アラビカ種より低品質です。

索引

[A to Z]
CO₂デカフェプロセス 63

あ

アーモンドエッセンス 194
アーモンド・イチジク・ラテ 194
アーモンドミルク 192
アーモンドアフォガート 192
アーンドラ・プラデーシュ州 89
アイス 192-194,198-211,214-217
アイス・エスプレッソ 198
アイスクリーム・ラム・レーズン 210
アイスコーヒー 198-199,205,207
アイス・モカ 205
アイス・ラテ 202
アイム・ユア・ハックルベリー 184
アイリッシュ・コーヒー 213
アカテナンゴ 123
アカネ科 13-15
アガルタ 130
アガロ 81
アサートン高原 101
アジア 88-91,98-99,102-109
味わいの違いを楽しむ 26-27
アチェ州 93
アティトラン 123
アテン 96-97
アドフンタス 136
アパネカ・イラマテペック 124
アビシニア 92
アフォガート 192
アフリカ 10-12,68-85
アメリカーノ 178-179
アラビカ 10,12,14-18,19

(アジア) 88,89,90,91,99,102,
103,104,105,106,107,108,109
(アフリカ) 68,70,72,75,76,77,
78,79,80,81,82,83,84,85
(インドネシア) 92,94,96
(オセアニア) 100,101
(カリブ海) 136,138,139,140,141
(中米) 122,124,125,126,128,130,131
(南米) 112,114,116,118,120,121
(北米) 134,137
アルーシャ 16,73,100
アルティボニット県 141
アンティグア 123
イエメン 10-12,109
イカトゥ 14,112
イスマイリ 109
イスラ 140
イブリック 41,155,185
イルガチェフェ 69
インド 88-89
インドネシア 11,92-97,187
ウイスキー 213
ヴィジャサルチ 14-15,126
ヴィジャロボス 15,126,140-141
ウイラ県 115
ウェウェテナンゴ県 123
ウェレガ県 69
ウォッカ 214
ウガンダ 80
ウサンバラ山地 73
雲南省 108
エアルーム 15,68,90
エアロプレス 34,149
エクアドル 121

エジプト 10
エステリ県 129
エスピリト・サント州 113
エスプレッソ
　(淹れ方) 46-51
　(ミル) 40
エスプレッソ・コン・パンナ 174-175
エスプレッソ・マキアート 168-169
エスプレッソマシン 144-145
エスプレッソ・マルティーニ 214
エチオピア 10,12,68-69,90,184
エッグノッグ・ラテ 191
エッチング (ラテアートのエッチング) 60
エル・オロ県 121
エルゴン山 80
エルサルバドル 124-125
エルバルサモ・ケツァルテペック 124
エル-ベニ県 119
エンガ州 100
エンブ 71
エンレカン県 95
オアハカ州 135
オーストラリア 101
オーストリアのコーヒー 189
オセアニア 100-101
オリッサ州 89
オルチャータ・フラッペ 209
オレンジブロッサム 190

か

カイザー・メレンゲ 189
海南省 108
カウアイ島 137
カウカ県 115

カカウワティケ125
カゲラ 73
カスカラ・アイスコーヒー 199
カスタード 196,203
カッピング 24-25
カティモール 14
　(アジア) 88,92,98,99,102,104,
　　105-108
　(アフリカ) 81,83-85
　(そのほか) 118,120,128,134,136,141
カトゥアイ 15
　(アジア) 102,104
　(アフリカ) 75
　(オセアニア) 101
　(カリブ海) 136,139
　(中米) 122,125,126,127,128,130,131
　(南米) 112,118,121
　(北米) 134,137
カトゥーラ 15
　(アジア) 88,91,102,104
　(アフリカ) 75,81,84
　(インドネシア) 92
　(カリブ海) 136,139,141
　(中米) 122,125,126,127,128,130,131
　(南米) 114,116,118,120,121
　(北米) 134,137
カナカ 155
カフェ・オ・レ 172-173
カフェ・ス・ダ 205
カフェ・スア・ノン 195
カフェ・デ・オジャ 185
カフェ・トゥーバ 183
カフェ・フィン 154,190,195,205
カフェ・マキアート 168-169
カフェ・モカ 170-171
カフェ・ラテ 162-163
カフェイン 19,42-43,180

カフェチート 181
カフェティエール 146
カプチーノ 160-161
カヤンザ 79
カラナビ 119
カラメル 212
カリブ海 136,138-141
カルーア 212,214
カルカッタ・コーヒー 189
カルナータカ州 89
カロランズ (ラミー・カロランズ) 215
生豆 36-37
キューバ 140
キューバショット 181
キリニャガ 71
キリマンジャロ 73
キリミロ 79
ギリン バサー 92-93, 94,96-97,101
キルシュ (コールド・キルシュ) 217
グアテマラ 122-123
クイーンズランド州 101
クバーノ 181
グラッパ (コレット・アッラ・グラッパ) 212
グラン・マルニエ 215
グラン・ショコラ 215
グランダンス県 141
クレーム・ド・カカオ 214
クレーム・ド・カシス 217
クレマ 19,48-50,58,59
ゲイシャ 14
　(アフリカ) 68,81
　(中米) 126,131
ケララ州 89
ケニア 70-71
ケント 72
紅茶 195
コーヒーカクテル 212-217

コーヒー・コーラ・フロート 202
コーヒーチェリー 10,13,16-18,20-21
コーヒーメーカー 153
コーヒー・ラッシー 210
コールド・キルシュ 217
ココナッツ・エッグ・コーヒー 190
ルート・オブ・オール・グッド 199
コスタリカ 126-127
コノ 137
コニャック・ブリュロ 214
コパン 123
コパン地域 130
コピ・ジャヒ 187
コーヒーノキ属 12-13
コレット・アッラ・グラッパ 212
コロンビア 114-115
ゴワ県 95

さ

サイフォン 150
サイフォン・スパイス 188
サッサフラス 181
サッシー・モラセス 181
ザマール県 109
サモラ・チンチペ県 121
サルチモール 99,121,136
サンタ・クルス県 119
サンタンデール県 115
サン・パウロ州 113
ジェズベ 155,185
シェリダンズ 213
シダマ 69
シナモン26,160,161,185,187,192,197
207,209,214
ジマ 69
ジャマイカ 138
ジャワ島 96-97

ショウガ 187
ジワカ州 100
シングルオリジン 30,31,33
ジンジャーブレッド・グロッグ 196
ジンジャーブレッドバター 196
シンジャイ県 95
ジンビ 69
スカンジナビアン・コーヒー 183
スケール 24
スチーミング 52-55 166-167
スノー・ホワイト 200
スパークリング・エスプレッソ 200
スマトラ島 92-93
スラウェシ島 94-95
スル・デ・ミナス 113
セネガルのスパイスコーヒー 183
セラード 113
ソイ・エッグノッグ・ラテ 191
ソジェスタル 78-79

た

タイ 104
タナ・トラジャ県 95
卵 183,189,190,196,217
タミル・ナードゥ州 89
タラス 127
タンザニア 72-73
タンパー 144
チアパス州 135
チコリ 88,189
中国 108
抽出器具 144-157
チョコ・ミント・フラッペ 208
チョコレート 160-161,170-171,
205,208,210-211,215
チリキ県 131
チンブ州 100

ティア・マリア 215
ティピカ 12,14-15
（アジア）91,99,106,107,108,109
（アフリカ）80,82,85
（インドネシア）92,94,96,97
（オセアニア）100,101
（カリブ海）136,138,139,141
（中米）122,126,130,131
（南米）114,118,120,121
（北米）134,137
テカパ・チナメカ 125
デカフェ 62-63
テキシック 15
豆乳 57,191,202,203
ドゥルセ・デ・レチェ 212
ドミニカ共和国 139
ドランブイ 213
トリマ県 115
トルコ 10
トルココーヒー 41,185
トレス・リオス 127

な

ナリーニョ県 115
ニアサ 72
ニエリ 71
ニカラグア 128-129
ニューサウスウェールズ州 101
ヌエバ・セゴビア県 129
ネイバ 139
ネルドリップ 148

は

バーボン 191,215
バイーア州 113
焙煎 36-37
ハイチ 141

ハイブリッド・ティモール 14
ハチミツ 187,189,190,207,210
ハックルベリー（アイム・ユア・
ハックルベリー）184
パッケージ 33,34
パナマ 131
ハニー・ブロッサム 190
ハニープロセス 126
バニラ・ウォーマー 188
パプアニューギニア 100
ハユヤ 136
ハラール 69
バラオナ県 139
ハラズィ 109
バリスタ 9
ハワイ 137
ピーベリー 16
挽き方 38-41
ビクトリア湖盆地 80
ヒノテガ県 129
フィルター 147-157
フィンジャン 155
プエブラ州 135
プエルトリコ 136
ブギス 80
ブコバ 73
福建省 108
ブラジル 112-113
ブラックコーヒー 180-189,198-200
フラットホワイト 164-165
フラッペ・モカ 208
フラッペ 208
フランス領ギアナ 10,11
ブランデー 189,191,212,214,217
ブリキ 155,185
ブルーマウンテン 72,81,100,102,138
ブルボン（品種）12,14,15,62

ブルンカ 127
ブルンジ 78-79
ブレーヴェ 166-167
フレンチプレス 41,146,152
ブレンド 30-31
ブンクル 93
ブンナ 184
ヘーゼルナッツ・フラッペ 209
ヘーゼルナッツミルク 203,209
ヘーゼルナッツ・アイス・ラテ 203
ペーパーフィルター 147
ベトナム 105
ベトナムのコーヒー 195,205
ベラクルス州 135
ペルー 120
ポット・オブ・ゴールド 196
ポート・カシス 217
ボカ山地 81
ボケテ 131
ボリビア 118-119
ボルカン 131
ポルトガルのアイスコーヒー 198
ホワイトコーヒー 189-197,202-207
香港のコーヒー 195
ホンジュラス 130

ま

マウイ島 137
マキアート 168-169
マキネッタ 151
マザグラン 198
マダ・アレイ 187
マタガルパ県 129
マタス・デ・ミナス 113
マタリ 109
まったりバニラ 211
マドリス県 129

マナビ県 121
ママサ県 95
豆
　(選び方)32-34
　(カッピング) 24-25
　(カフェイン含有量) 43
　(生産処理) 20-23
　(特定) 30
　(焙煎) 36-37
　(保存) 35
マラウイ 81
マラカトゥーラ 128
マルサビット 71
マルティニーク島 10,11
マンクラジャ 93
ミスク山地 81
水質チェック 44-45
ミナス・ジェライス州 112
南スーダン 10,12
ミビリジ 78
ミルク 52-61
ミルクアイスコーヒー 207
ミルク・アンド・ハニー 207
ミント 208
ムビンガ 73
ムベヤ 73
ムミルワ 79
ムンド・ノーボ 14,15
　(アフリカ) 81
　(オセアニア)100,101
　(南米)112,116
　(北米)134,137
メキシコ 134-135
メキシコ風味 185
目覚まし時計 180
メッシュ 41
メルー 71

モカ 170,174,204-205,208
モカポット 151
モチ・アフォガート 194
モルト・ミックス 211
モンテシージョス 130

や

ユアンヤン 195
ユンガス地方 119
溶媒プロセス 63
ヨーグルト 210

ら

ライスミルク 57,203,209
ラクトースフリーのミルク 52
ラス・マリアス 136
ラスティ・シェリダンズ 213
ラテアート 58-61
ラテ 162-163
　(アーモンド・イチジク・ラテ) 194
　(アイス・ラテ) 202
　(エッグノッグ・ラテ) 191
　(ソイ・エッグノッグ・ラテ) 191
　(ヘーゼルナッツ・アイス・ラテ) 203
　(ライスミルク・アイス・ラテ) 203
ラミー・カロランズ 215
ラム 197,210,212,215
ランプン州 93
リコリス 200
リストレット 176-177
リム 69
リントン 93
ルウェンゾリ山 80
ルート・オブ・オール・グッド 199
ルブマ 73
ルワンダ 74-75
ルンゴ 176-177

歴史 10-11

レケンプティ 69

レッド・アイ 180

レナシミエント 131

レモン 187,196,198

レモンピール 180,187,213,214

ロハ県 121

ロブスタ種 12,16,18,19

　(アジア) 88,90,99,102,103,104,105,

106,107,108

(アフリカ) 72,73,75,76,77,

78,80,82,85

(オセアニア) 100

(インドネシア) 92,94,96,97

(カリブ海) 140

(中米) 122,126

(南米) 112,121

(北米) 134

ロマーノ 180

ロン・ドゥルセ 212

ん

ンカタベイ高原 81

ACKNOWLEDGMENTS

Anette would like to thank;
Martha, Kathryn, Dawn, Ruth, Glenda, Christine, DK, Tom, and Signe; Krysty, Nicky, Bill, San Remo, and La Marzocco; Emma, Aaron, Giancarlo, Luis, Lyse, Piero, Sunalini, Gabriela, Sonja, Lucemy, Mie, Cory, Christina, Francisco, Anne, Bernard, Veronica, Orietta, Rachel, Kar-Yee, Stuart, Christian, Shirani, and Jose; Stephen, Chris, and Santiago; Ryan, Marta, Chris, Mathilde, Tony, Joanne, Christian, Bea, Grant, Dave, Kate, Trine, and Morten; Jesse, Margarita, Vibeke, Karna, Stein, and my coffee family and friends.

DK would like to thank:
FIRST EDITION
Photography William Reavell
Art direction Nicola Collings
Prop styling Wei Tang
Additional photography and latte art Krysty Prasolik
Proofreading Claire Cross
Indexing Vanessa Bird
Editorial assistance Charis Bhagianathan
Design assistance Mandy Earey, Anjan Dey, and Katherine Raj
Creative technical support Tom Morse and Adam Brackenbury

SECOND EDITION
Illustrations Steven Marsden (pp156–57)
Proofreading Katie Hardwicke
Indexing Vanessa Bird

Thanks also to Augusto Melendrez at San Remo. Key Fact statistics featured on pp64–141 are based on the 2013–2019 ICO figures, apart from those on pp101, 102, 108, 136, 137, and 138.

Picture credits
The publisher would like to thank the following for their kind permission to reproduce their photographs:

(Key: a-above; b-below/bottom; c-centre; f-far; l-left; r-right; t-top)

p17 Bethany Dawn (t); pp78, 134, 139 Anette Moldvaer; p99 Shutterstock.com: gaborbasch; p102 Getty Images/iStock: ronemmons; p116 Alamy Stock Photo: Jorgeprz

All other images © Dorling Kindersley
For further information see: www.dkimages.com

Original Title: The Coffee Book

Copyright © 2014, 2021 Dorling Kindersley Limited
A Penguin Random House Company
Japanese translation rights arranged with
Dorling Kindersley Limited, London
through Fortuna Co., Ltd. Tokyo.

For sale in Japanese territory only.

Printed and bound in Malaysia.

For the curious
www.dk.com

著者

アネット・モルドヴァ：数々の賞を受賞しているイギリスはロンドンの焙煎会社、Square Mile Coffee Roastersの共同創業者であり、オーナー。Square Mileは、コーヒー豆の調達、購買、輸入、焙煎を行い、個人や法人向けに販売している。1999年に出身地のノルウェーでバリスタとして働き始め、以来、世界各地の生産者を訪問し、コーヒーを調達してきた経験の持ち主。これまでに、ワールド・バリスタ・チャンピオンシップ、カップ・オブ・エクセレンス、グッド・フード・アワードなど、コーヒー業界の国際大会で審査員を務め、ヨーロッパ各国、アメリカ、ラテンアメリカ、アフリカでコーヒーのワークショップを開催。ワールド・バリスタ・チャンピオンシップ（2007年、2008年、2009年）の優勝者がエスプレッソに使った豆は、すべてモルドヴァ氏が焙煎。2007年ワールド・カップ・テイスターズ・チャンピオンシップ優勝。

監修者

丸山健太郎：1968年埼玉県生まれ、神奈川県育ち。株式会社丸山珈琲代表取締役。日本スペシャルティコーヒー協会元会長、COE（カップ・オブ・エクセレンス）国際審査員、ACE（Alliance for Coffee Excellence Inc.）名誉理事。1991年に軽井沢にて丸山珈琲創業。2001年からは、バイヤーとして生産地訪問を開始し、現在でも、年間150日は産地を訪れる。また、数々のコーヒー豆品評会・審査会における、国際的カッパーとしても活躍。「世界で最も多くの審査会に出席するカッパー」と呼ばれている。著書に、『コーヒーの扉をひらこう』（第一企画）がある。

日本語翻訳者	江原健	
日本語版デザイン	菊地慶矩（ムーンクロウスタジオ）	

基礎知識から生産国情報、焙煎、レシピ、バリスタテクニックまで

新版 THE COFFEE BOOK

2021年 12月16日 発行　　　　　　　　　　NDC596
2023年 8月10日 第3刷

著　者	Anette Moldvaer	
監修者	丸山 健太郎	
発行者	小川 雄一	
発行所	株式会社 誠文堂新光社	
	〒113-0033　東京都文京区本郷3-3-11	
	電話 03-5800-5780	
	https://www.seibundo-shinkosha.net/	

検印省略
本書掲載記事の無断転用を禁じます。
落丁本・乱丁本の場合はお取り替えいたします。

本書の内容に関するお問い合わせは、小社ホームページのお問い合わせフォームをご利用いただくか、上記までお電話ください。

JCOPY ＜（一社）出版者著作権管理機構 委託出版物＞
本書を無断で複製複写（コピー）することは、著作権法上での例外を除き、禁じられています。本書をコピーされる場合は、そのつど事前に、（一社）出版者著作権管理機構（電話 03-5244-5088／FAX 03-5244-5089／e-mail:info@jcopy.or.jp）の許諾を得てください。

ISBN978-4-416-62075-5

※本書は2015年9月に刊行した『COFFEE BOOK』に加筆、2021年現在の情報に修正したものです。